KB138458

초등영문법
매일매일

혼공 트레이닝

L1

혼공북스

혼공!

안녕하세요? 혼공쌤이에요.

혹시 영문법을 왜 공부하는지 아시나요? 아, 영문법은 생각만 해도 힘들다고요? 하하하. 맞아요. 쌤도 참 힘들게 공부하고 또 공부했어요. 영어 시험을 보면 혼나기도 하고 칭찬을 받기도 했답니다. 결국 영어를 좋아하게 되고, 원어민들과 편하게 쓰게 되니 한 가지 답을 얻었어요. 그것은 바로 바로 바로...

영문법을 잘 공부하면 조금 더 편하고 쉽게 영어로 말하고 쓸 수 있다는 것이에요. '엥? 영문법 공부하는 것 자체가 외울 것과 시험볼 것 투성이인데, 어떻게 그게 가능해요?'라고 묻는 친구들이 있을 거예요. 워워... 우리 친구들 말에 매우 동의해요. 왜냐하면 우리 친구들 마음속에 '영문법은 시험'이라는 공식을 뺄 수는 없으니까요.

그래서 혼공쌤이 제안을 하나 하려고 해요. 영어로 잘 말하고 쓸 수 있도록 영문법을 '활용'하는 방법을 알려줄게요. 동시에 시험 영어도 잘할 수 있도록 도와줄게요. 그러나 외우는 것은 최소화 시켜드릴게요. 오케이? 오케이! 여러분에게 최적화된 문법 개념을 쌤과 함께 익히고, 그 개념을 여러분의 것으로 만들다 보면 자동으로 문장이 술술 나오는 경험을 하게 될 거예요.

그리고 그 '경험' 위에 시험 영어도 잘할 수 있도록 약간의 '양념'을 슬쩍 발라드릴게요. 그러면 여러분은 영문법뿐 아니라 영어의 고수가 될 것이에요. 대신 하나만 약속해 주세요. 쌤이 최선을 다해 책과 강의로 도와드릴테니, 여러분은 꼭 스스로 한 문장이라도 말해 보거나 써 보면서 트레이닝을 마무리 해 보세요. 그것이 공부의 끝이라고 생각하면 얼마든지 잘할 수 있어요!

자, 이제 영문법 트레이닝을 신나게 해 볼까요? 올바른 방법으로 구체적인 목표를 세운 후 제대로 공부하면 안 될 것이 없어요. 여러분들은 무조건 잘 될 거예요. 그럼 이제부터 신나는 영어의 세계로 가즈아!

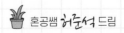
혼공쌤 허준석 드림

이 책의 구성과 특징

✏️ 혼공 초등 영문법 트레이닝 커리큘럼

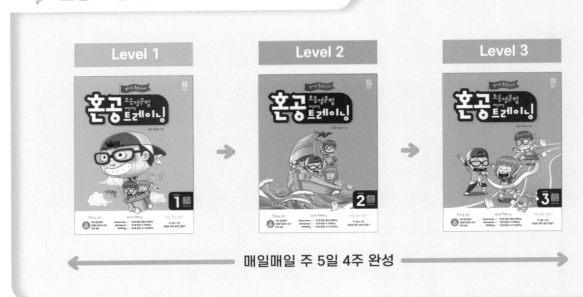

매일매일 주 5일 4주 완성

✏️ 혼공 초등 영문법 시리즈, 이렇게 연계하여 공부하자!

개념편

8품사편　　기초구문편　　쓰기편

어순과 단어　　　　다양한 문장

훈련편

Level 1　　Level 2　　Level 3

단어 24단 변화　　문장 변화

* 혼공 초등 영문법 시리즈는 **개념편**과 **훈련편**으로 **구성**되어 있어요!

* 영문법을 효과적으로 공부하기 위해 **개념편 시리즈로 시작**하여 본책 **훈련편 시리즈로 공부를 완료**하세요!

혼공 초등 영문법 트레이닝
영문법 기초 개념을 다양한 문장 속에서 훈련하자!

① 초등 영문법이 저절로 익혀지는 3단계 영문법 트레이닝!

1단계 ▶ **Grammar Check**

문법 개념과 1대 1로 연결되는 예시와 문장들을 통해
기초 사항들을 익혀요.

● 단어 → 구 → 문장 순서로 주요 문법 개념을 익힐 수 있어요!

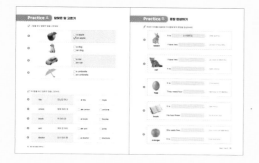

2단계 ▶ **Sentence Check**

문법 개념 및 형태를 확인하는 문제뿐만 아니라 문장 속
문법 오류들을 파악하고 바르게 수정하는 문제를 통해
문장 속에서 단어의 올바른 쓰임을 확인할 수 있어요.

● 짧은 문장이나 대화문, 도표 등을 보고 문장을 쓰다 보면
서술형 문제도 척척 해결할 수 있어요!

3단계 ▶ **Writing Check**

문장 고쳐 쓰기, 문장 완성, 문장 배열, 우리말에 알맞은
문장 완성 등의 유형을 통해 문장 쓰기의 기초를 다질 수
있어요.

● 단어 배열, 문장 완성을 거쳐 완벽한 문장을 쓸 수 있도록
구성했어요!

G·S·W 3단계 영문법 트레이닝

Grammar		**Sentence**		**Writing**
단어, 문장의 규칙 확인	→	문장에서 규칙 익히기	→	문장 쓰기로 마무리
단어의 특성과 단어가 문장을 이루기 위한 규칙을 배우는 코너		문장 속에서 단어의 특성과 규칙을 경험하고 익히며 쓰기까지 해 보는 코너		다양한 방식의 영작을 통해 문장 쓰기를 익히는 코너

② **일주일에 5일씩 4주 훈련으로 초등 영문법은 물론 영어 습관까지 저절로!**

WEEK
START

DAY 1

문법 개념 쪼개기
어렵고 복잡한 문법을 쪼개서 이해하기 쉽게 배워요.

DAY 2

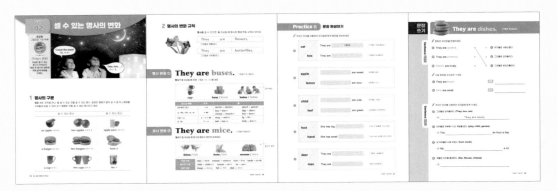

개념의 시각화
도식화, 도표를 이용해 형태를 명확히 구별하고, 오류 확인 등을 통해 의미를 효과적으로 파악할 수 있어요.

DAY 3
~ DAY 4

Grammar Check ➜ Sentence Check ➜ Writing Check
G·S·W 3단계 영문법 트레이닝으로 단어 ➜ 구 ➜ 문장을 체계적으로 배울 수 있어요.

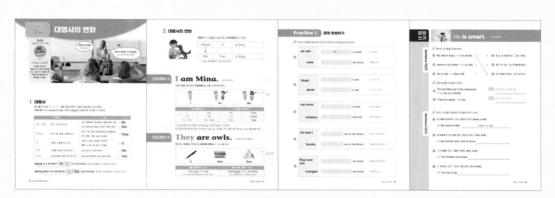

Grammar Check → Sentence Check → Writing Check

G·S·W 3단계 영문법 트레이닝으로 단어 → 구 → 문장을 체계적으로 배울 수 있어요.

DAY 5

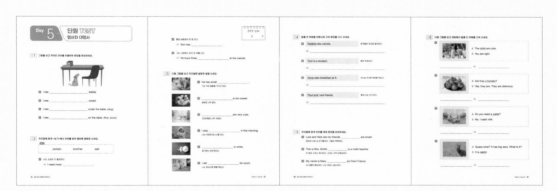

챕터 마무리 문제

4일 동안 배운 영문법 개념을 한번에 확인하는 문제들을 통해 배운 내용을 재점검할 수 있어요.
그러면서 자신의 강점과 약점을 파악하며 실력을 스스로 평가할 수 있어요.

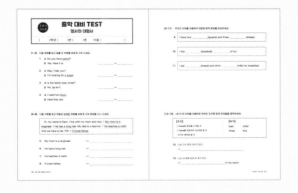

중학 대비 TEST

다양한 서술형 문항을 풀어보며
중학 평가를 대비한 기본기를
튼튼히 다질 수 있어요.

TRAINING
COMPLETE

✻ 내 실력을 점검하고 궁금한 부분을 해결하고 싶다면 정답과 해설을 꼭 참고하세요.

Level 1 차례

*정답은 140쪽에 있습니다.

Chapter 1
명사와 대명사

Week 1

Day 01

오늘의 공부 **명사의 변화**

제 평가는요?
☆☆☆☆☆

월 [ ] 일 [ ]

시간 [ ]

Day 02

오늘의 공부 **셀 수 있는 명사의 변화**

제 평가는요?
☆☆☆☆☆

월 [ ] 일 [ ]

시간 [ ]

Day 03

오늘의 공부 **셀 수 없는 명사의 특징**

제 평가는요?
☆☆☆☆☆

월 [ ] 일 [ ]

시간 [ ]

Day 04

오늘의 공부 **대명사의 변화**

제 평가는요?
☆☆☆☆☆

월 [ ] 일 [ ]

시간 [ ]

Day 05

오늘의 공부 **단원 TEST / 중학 대비 TEST**

제 평가는요?
☆☆☆☆☆

월 [ ] 일 [ ]

시간 [ ]

명사의 변화

혼공쌤
그림으로 기초 이해

[Today's 혼공]
오늘은 명사가 무엇인지, 명사가 왜 변화하는지, 그리고 어떻게 바뀌는지를 배워볼 거예요.

Mina, look!
미나, 봐!

Snow, snow!
눈, 눈이다!

1 명사

이 세상의 모든 것은 이름을 갖고 있어요. Anna(안나), snow(눈), dog(개), book(책)처럼 말이죠.
이 모든 사람, 동물, 물건, 장소 등의 이름을 명사라고 불러요.

사람을 부르는 말 = 명사

girl   boy   Suji   Jack

동물을 부르는 말 = 명사

cat   dog   mouse   rabbit

사물을 부르는 말 = 명사

pencil   cap   clock   sun

2 명사의 수 변화

고양이 한 마리

책 여러 권

명사는 수에 따라 변화를 해요.

I	have	a cat.

나는 **고양이 한 마리**가 있다.

I	have	books.

나는 **책들이** 있다.

변화 ① I have a cat. 나는 고양이 한 마리가 있다.

명사가 **하나**일 때 <a / an + 명사>로 써요. → (a cat / ~~cats~~)

a book	a dog	a boy

하나

* an은 모음(a, e, i, o, u) 발음으로 시작하는 명사와 함께 쓰여요.

a	a car	a key	a cup	an	an ant	an umbrella
	a pencil	a doctor	a girl		an onion	an egg

변화 ② I have cats. 나는 고양이들이 있다.

명사가 **둘 이상**일 때 <명사 + s>로 써요. → (~~a cat~~ / cats)

하나(단수)	a / an + 명사	a car → cars	an ant → ants
둘 이상(복수)	명사 + s	a key → keys	a girl → girls

books	dogs	boys

둘 이상

☑ 그림을 보고 알맞은 말을 고르세요.

①		☐ a apple ☑ an apple
②		☐ a dog ☐ an dog
③		☐ a car ☐ an car
④		☐ a umbrella ☐ an umbrella

☑ 우리말을 보고 알맞은 말을 고르세요.

①	toy	장난감 하나	☐ **a** toy	☐ toy**s**
②	onion	양파 여러 개	☐ **an** onion	☐ onion**s**
③	book	책 여러 권	☐ **a** book	☐ book**s**
④	ant	개미 한 마리	☐ **an** ant	☐ ant**s**
⑤	doctor	의사 여러 명	☐ **a** doctor	☐ doctor**s**

Practice B   문장 완성하기

✏️ 주어진 단어를 이용하여 우리말에 맞게 문장을 완성하세요.

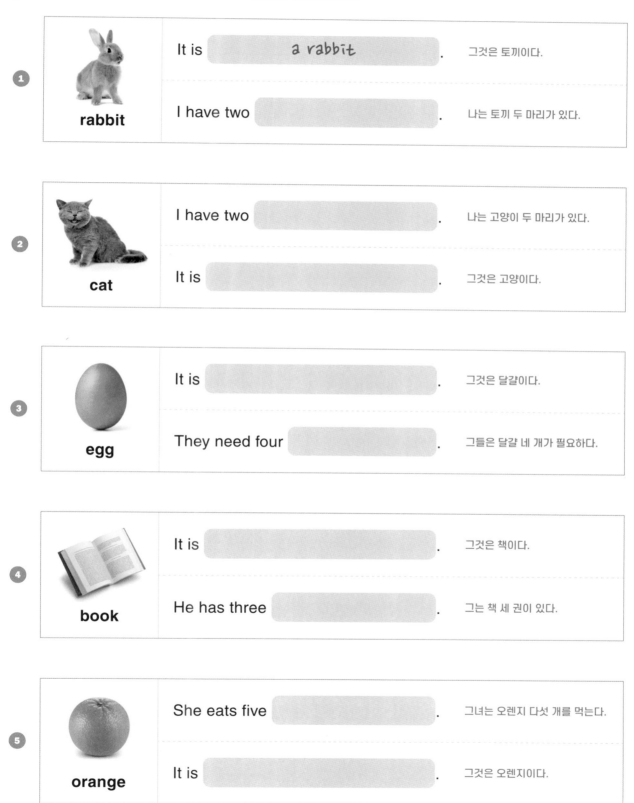

1 rabbit

It is *a rabbit*.   그것은 토끼이다.

I have two   .   나는 토끼 두 마리가 있다.

2 cat

I have two   .   나는 고양이 두 마리가 있다.

It is   .   그것은 고양이다.

3 egg

It is   .   그것은 달걀이다.

They need four   .   그들은 달걀 네 개가 필요하다.

4 book

It is   .   그것은 책이다.

He has three   .   그는 책 세 권이 있다.

5 orange

She eats five   .   그녀는 오렌지 다섯 개를 먹는다.

It is   .   그것은 오렌지이다.

Sentences 문장 고쳐 쓰기

✏️ 밑줄 친 부분을 어법에 맞게 고친 뒤 문장을 다시 쓰세요.

[보기]

He is **singer**. → He is | *a singer* |.

↗ 한 명을 나타내는 a singer로 고쳐 써요.

1 I am <u>student</u>. →

나는 학생이다.

2 He needs <u>a umbrella</u>. →

그는 우산 하나가 필요하다.

3 She has five <u>cap</u>. →

그녀는 모자 다섯 개가 있다.

4 They see three <u>student</u>. →

그들은 학생 세 명을 본다.

5 I eat two <u>apple</u>. →

나는 사과 두 개를 먹는다.

6 We have <u>toy car</u>. →

우리는 장난감 자동차 하나가 있다.

I have cats. 나는 고양이들이 있다.

✎ 알맞은 우리말을 연결하세요.

1 My dad likes apples. •

2 I have two dogs. •

3 She eats oranges every day. •

• a 그녀는 매일 오렌지들을 먹는다.

• b 나는 개 두 마리가 있다.

• c 우리 아빠는 사과들을 좋아한다.

✎ 다음 문장을 우리말로 쓰세요.

1 He needs a cup.   의미 _____

2 You have four pencils.   의미 _____

✎ 주어진 단어를 이용하여 우리말에 맞게 쓰세요.

1 나는 고양이 두 마리가 있다. (have, I, cat, two)

→ I have two cats.

2 그것은 우산이다. (is, It, umbrella)

→ _____

3 그녀는 매일 달걀들을 먹는다. (eats, egg, She)

→ _____ every day.

4 나는 양파 하나가 필요하다. (need, I, onion)

→ _____

Day 02
셀 수 있는 명사의 변화

혼공쌤
그림으로 기초 이해

[Today's 혼공]
오늘은 셀 수 있는 명사가 무엇인지 배운 후 명사의 변화에 대해 쉽게 배워볼 거예요.

> **Count the stars!**
> 별을 세 봐!

> **One, two, ...!**
> 하나, 둘, ...!

1 명사의 구분

별을 세는 것처럼 하나, 둘 셀 수 있는 것을 셀 수 있는 명사, 일정한 형태가 없어 셀 수 없거나 형태를 자유롭게 바꿀 수 있어 세기 애매한 것을 셀 수 없는 명사라고 해요.

셀 수 있는 명사		셀 수 없는 명사
an apple 사과 하나	two apples 사과 두 개	apple juice 사과 주스
a burger 버거 하나	two burgers 버거 두 개	ham 햄
a cup 컵 하나	two cups 컵 두 개	tea 차

2 명사의 변화 규칙

명사를 셀 수 있으면, 둘 이상일 때 명사의 형태 변화 규칙이 있어요.

They	are	flowers.

그것들은 **꽃들**이다.

They	are	butterflies.

그것들은 **나비들**이다.

사 변화 ①

They are buses. 그것들은 버스들이다.

명사가 둘 이상일 때 뒤에 -s 또는 -es, -ies를 써요.

cups

~~boxs~~ / boxes

~~babys~~ / babies

규칙 변화

명사의 형태	복수	예	
대부분의 명사	+ s	doctor → doctors	pencil → pencils
-s, -sh, -ch, -x, -o	+ es	bus → buses church → churches	dish → dishes box → boxes
자음 + y	y → i + es	story → stories	fly → flies
-f, -fe	f → v	leaf → leaves	knife → knives

사 변화 ②

They are mice. 그것들은 쥐들이다.

명사가 둘 이상일 때 명사의 형태가 완전히 바뀌어요.

~~fishes~~ / fish

~~foots~~ / feet

~~mouses~~ / mice

불규칙 변화

모음 변화	man → men woman → women foot → feet tooth → teeth
끝부분 변화	child → children mouse → mice ox → oxen
같은 모양	sheep → sheep fish → fish deer → deer

☑ 단어의 복수형이 맞으면 O, 아니면 X를 고르세요.

1 brushes ☑ X   **2** foots ☐ O ☐ X

3 mice ☐ O ☐ X   **4** students ☐ O ☐ X

5 sheep ☐ O ☐ X   **6** mans ☐ O ☐ X

7 children ☐ O ☐ X   **8** babys ☐ O ☐ X

9 tomatoes ☐ O ☐ X   **10** stories ☐ O ☐ X

☑ 단어를 보고 둘 이상을 나타내는 복수형으로 쓰세요.

1 toy → _____   **2** fish → _____

3 mouse → _____   **4** leaf → _____

5 party → _____   **6** woman → _____

7 dish → _____   **8** deer → _____

9 tooth → _____   **10** fly → _____

문장 완성하기

🖊 주어진 단어를 이용하여 우리말에 맞게 문장을 완성하세요.

1

cat

They are **cats** . 그것들은 고양이들이다.

box

They are _____ . 그것들은 상자들이다.

2

apple

_____ are sweet. 사과들은 달다.

lemon

_____ are sour. 레몬들은 시다.

3

child

_____ are cute. 아이들은 귀엽다.

leaf

_____ are green. 나뭇잎들은 초록색이다.

4

foot

She has big _____ . 그녀는 큰 발들을 가지고 있다.

hand

She has small _____ . 그녀는 작은 손들을 가지고 있다.

5

deer

They are _____ . 그것들은 사슴들이다.

man

They are _____ . 그들은 남자들이다.

Sentences 문장 고쳐 쓰기

밑줄 친 부분을 어법에 맞게 고친 뒤 문장을 다시 쓰세요.

[보기]

<u>Foxs</u> are smart. ➡ | *Foxes* | are smart.

fox의 복수형은 -s가 아니라 -es를 붙여요.

1 They are <u>a dish</u>. ➡

그것들은 접시들이다.

2 They are <u>flys</u>. ➡

그것들은 파리들이다.

3 She cleans up <u>leafs</u>. ➡

그녀는 나뭇잎들을 치운다.

4 The <u>boxies</u> are big. ➡

상자들이 크다.

5 The <u>storys</u> are fun. ➡

이야기들이 재미있다.

6 I have <u>toyes</u> in my bag. ➡

나는 가방에 장난감들이 있다.

They are dishes. 그것들은 접시들이다.

Sentence 익히기

✏️ 알맞은 우리말을 연결하세요.

① **They are** glasses.　•

② **They are** potatoes.　•

③ Babies **are lovely**.　•

•　ⓐ 아기들은 사랑스럽다.

•　ⓑ 그것들은 감자들이다.

•　ⓒ 그것들은 유리잔들이다.

✏️ 다음 문장을 우리말로 쓰세요.

① **They are** buses.　　　의미 _____

② Mice **are small**.　　　의미 _____

Sentence 써보기

✏️ 주어진 단어를 이용하여 우리말에 맞게 쓰세요.

① 그것들은 상자들이다. **(They, box, are)**

➡ _____They are boxes._____

② 아이들은 하루에 1시간 게임을 한다. **(play, child, games)**

➡ The _____ an hour a day.

③ 내 치아들이 너무 아프다. **(hurt, tooth)**

➡ My _____ a lot.

④ 쥐들은 치즈를 좋아한다. **(like, Mouse, cheese)**

➡ _____

Day 03 셀 수 없는 명사의 특징

혼공쌤
그림으로 기초 이해

[Today's 혼공]
오늘은 지난번에 배운 명사 중에 셀 수 없는 것은 무엇인지, 그 특징은 무엇인지 배워볼 거예요.

I only need cheese.
나는 치즈만 필요해.

No bread?
빵 없이?

1 셀 수 없는 명사

명사는 셀 수 있는 명사와 셀 수 없는 명사로 구분할 수 있어요. 셀 수 없는 명사는 몇 가지로 나눠져요.

셀 수 있는 명사		셀 수 없는 명사
a kiwi 키위 하나	two kiwis 키위 두 개	kiwi juice 키위 주스

셀 수 없는 명사	예				
세상에 하나밖에 없는 고유한 이름 **대문자로 시작해요!**	Korea 한국	New York 뉴욕	Paris 파리	Jina 지나	Minsu 민수
- 일정한 모양이 없거나 형태를 자유롭게 바꿀 수 있는 물질	water 물	oil 기름	milk 우유	butter 버터	cheese 치즈 money 돈
- 너무 작아서 셀 수 없거나 눈에 보이지 않는 것	flour 밀가루	sand 모래	sugar 설탕	salt 소금	air 공기 love 사랑
과목, 운동	math 수학	history 역사	soccer 축구	baseball 야구	tennis 테니스

2 셀 수 없는 명사의 특징

명사는 셀 수 있는지, 없는지에 따라 변화를 해요.

I	need	an egg.

나는 **달걀 하나**가 필요하다.

I	need	water.

나는 **물**이 필요하다.

수 없는 명사 ①

I need love. 나는 사랑이 필요하다.

명사가 하나일 때 a / an을 쓰지만, **셀 수 없을 때** 쓰지 않아요. → (love / ~~a love~~)

a newspaper | paper / ~~a paper~~ | glass / ~~a glass~~

←⌂ 하나

a(n) 명사: O, X로 알아보기

셀 수 있는 명사는 a / an을 쓴다. (O)	셀 수 없는 명사는 a / an을 쓴다. (X)
I need ⬚an egg⬚ .	I need ⬚~~a water~~ / water⬚ .

수 없는 명사 ②

Flour is white. 밀가루는 하얗다.

명사가 둘 이상일 때 <명사 + s>로 쓰지만, **셀 수 없을 때** 쓰지 않아요. → (Flour / ~~Flours~~)

beans | salt / ~~salts~~ | money / ~~moneys~~

←⌂ 둘 이상

명사의 복수형: O, X로 알아보기

셀 수 있는 명사는 복수형으로 쓴다. (O)	셀 수 없는 명사는 복수형을 쓴다. (X)
⬚Apples⬚ are sweet.	⬚Sugar / ~~Sugars~~⬚ is sweet.

☑ 단어를 보고 명사의 종류를 고르세요.

		명사	셀 수 있는 명사	셀 수 없는 명사
①		juice 주스	☐	☑
②		snow 눈	☐	☐
③		ball 공	☐	☐
④		bread 빵	☐	☐
⑤		cookie 쿠키	☐	☐
⑥		paper 종이	☐	☐

☑ 단어를 보고 맞으면 O, 아니면 X를 고르세요.

① a love	O X	② a fish	O X
③ a salt	O X	④ students	O X
⑤ an egg	O X	⑥ a tennis	O X
⑦ moneys	O X	⑧ a New York	O X
⑨ bags	O X	⑩ an oil	O X

Practice B   문장 완성하기

주어진 단어를 이용하여 우리말에 맞게 문장을 완성하세요.

1

| butter | It is ___butter___. | 그것은 버터이다. |
| water | It is ___. | 그것은 물이다. |

2

| burger | I want ___. | 나는 버거 하나를 원한다. |
| money | I want ___. | 나는 돈을 원한다. |

3

| sugar | ___ is sweet. | 설탕은 달다. |
| apple | ___ are sweet. | 사과들은 달다. |

4

| sand | She has ___. | 그녀는 모래를 가지고 있다. |
| cheese | She has ___. | 그녀는 치즈를 가지고 있다. |

5

| milk | It is ___. | 그것은 우유이다. |
| orange | It is ___. | 그것은 오렌지 한 개이다. |

Sentences 문장 고쳐 쓰기

🖊 밑줄 친 부분을 어법에 맞게 고친 뒤 문장을 다시 쓰세요.

[보기]

A sugar is sweet. → | **Sugar** | is sweet.

⌐ sugar는 셀 수 없는 명사로 <a(n) 명사>로 쓰지 않아요.

1 It is a coffee. →

그것은 커피이다.

2 I want juices. →

나는 주스를 원한다.

3 She drinks teas. →

그녀는 차를 마신다.

4 A snow is cold. →

눈은 차갑다.

5 I live in a Paris. →

나는 파리에 산다.

6 I like a tennis. →

나는 테니스를 좋아한다.

Flour is white.
밀가루는 하얗다.

✏️ 알맞은 우리말을 연결하세요.

1 My mom needs oil.

2 I want water.

3 Salt is salty.

ⓐ 나는 물을 원한다.

ⓑ 소금은 짜다.

ⓒ 우리 엄마는 기름이 필요하다.

✏️ 다음 문장을 우리말로 쓰세요.

1 He needs paper.　　　의미 ＿＿＿＿＿＿＿＿＿＿＿＿＿

2 Baseball is fun.　　　의미 ＿＿＿＿＿＿＿＿＿＿＿＿＿

✏️ 주어진 단어를 이용하여 우리말에 맞게 쓰세요.

1 나는 돈이 있다. (I, money, have)

➡️ ＿＿＿＿＿＿＿＿I have money.＿＿＿＿＿＿＿＿

2 그는 빵을 좋아한다. (bread, He, likes)

➡️ ＿＿＿＿＿＿＿＿＿＿＿＿＿＿＿＿＿＿＿＿＿＿

3 그녀는 차 한 대가 필요하다. (needs, car, She)

➡️ ＿＿＿＿＿＿＿＿＿＿＿＿＿＿＿＿＿＿＿＿＿＿

4 그들은 수학을 공부한다. (They, math, study)

➡️ ＿＿＿＿＿＿＿＿＿＿＿＿＿＿＿＿＿＿＿＿＿＿

혼공쌤
그림으로 기초 이해

[Today's 혼공]
오늘은 명사와 대명사가 어떤 관계에 있고, 명사가 대명사로 어떻게 변화하는지 배워볼 거예요.

This is Tom.
얘는 톰이야.

He is from Canada
그는 캐나다에서 왔어.

1 대명사

명사를 대신해 '나, 너, 그, 그들'처럼 부르는 것을 인칭대명사라고 해요.
예를 들어 안나(Anna)는 she, 강아지(dog)는 it 등으로 나타낼 수 있어요.

대명사		예	
He, She	남자, 여자 한 명 대신	남자: Minho, brother, dad, Mr. Lee	→ **He**
		여자: Jenny, sister, mom, Mrs. Kim	→ **She**
They	여러 사람, 동물, 사물을 대신	여러 사람: Paul and Mina, students	→ **They**
		여러 동물, 사물: cats, books	
It	사물이나 동물 하나 대신	사물: a cap, a bag, a book	→ **It**
		동물: a cat, an ant, a tiger	
We	나(I)를 포함한 여러 명 대신	you and I, Paul and I	→ **We**
You	너(you)를 포함한 여러 명 대신	you and Mina, you and Paul	→ **You**

Jenny is a student. ⌈ He / **She** ⌉ is my friend. 제니는 학생이다. 그녀는 내 친구다.

Jenny and I are students. ⌈ **We** / ~~They~~ ⌉ are friends. 제니와 나는 학생이다. 우리는 친구다.

2 대명사의 변화

대명사가 사람을 대신할 때는 **인칭대명사**라고 해요.

Noah	is	a boy.

↓

He	has	a dog.

노아는 남자애이다. **그는** 개가 있다.

인칭대명사 ①

I am Mina. 나는 미나이다.

사람 이름을 대신하는 **인칭대명사**는 성별, 수에 따라 써요.

한 사람(단수)		두 사람 이상(복수)	
I	나는	We	우리는
You	너는	You	너희들은
He / She	그는 / 그녀는	They	그들은

① 인칭대명사는 성별이 여자면 she, 남자면 he로 나타내요.
② 인칭대명사는 한 명은 단수형 I, you, he, she를, 여러 명은 복수형 we, you, they를 써요.

대명사 ②

They are owls. 그것들은 부엉이들이다.

물건이나 동물을 가리킬 때 **수에 따라 대명사** it, they를 써요.

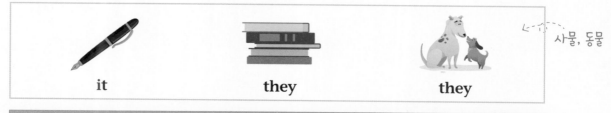

사물, 동물 하나 → it	여러 사물, 동물 → they
I see a cat. It is cute.	I have boxes. They are heavy.
나는 고양이 한 마리를 본다. 그것은 귀엽다.	나는 상자들이 있다. 그것들은 무겁다.

☑ 단어를 보고 알맞은 대명사를 고르세요.

1 Minho ☑ he ☐ she

2 Mia and you ☐ you ☐ they

3 sister ☐ he ☐ she

4 Mr. Lee ☐ he ☐ she

5 brother ☐ he ☐ she

6 mom and dad ☐ you ☐ they

7 Jenny ☐ he ☐ she

8 Mrs. Kim ☐ he ☐ she

9 you and I ☐ we ☐ they

10 students ☐ he ☐ they

☑ 밑줄 친 부분을 보고 빈칸에 들어갈 알맞은 말을 고르세요.

1 I have a rabbit. _____ is cute. ☐ It ☐ They

2 My sisters are students. _____ are smart. ☐ We ☐ They

3 Mia is at home. _____ is sick. ☐ He ☐ She

4 I like juice. _____ is delicious. ☐ It ☐ They

5 My mom works at school. _____ is a teacher. ☐ She ☐ You

Practice B 문장 완성하기

주어진 단어를 대명사로 바꿔 우리말에 맞게 문장을 완성하세요.

1

an owl

It is small. 그것은 작다.

owls

are small. 그것들은 작다.

2

Noah

is tall. 그는 키가 크다.

Janet

is tall. 그녀는 키가 크다.

3

my mom

is kind. 그녀는 친절하다.

children

are kind. 그들은 친절하다.

4

Jin and I

are in the library. 우리는 도서관에 있다.

books

are in the library. 그것들은 도서관에 있다.

5

Paul and you

are small. 너희들은 작다(어리다).

oranges

are small. 그것들은 작다.

밑줄 친 부분을 알맞은 대명사로 바꾼 뒤 문장을 다시 쓰세요.

[보기]

Minho is a singer. → **He** is a singer.

→ Minho는 남자이므로 대명사 He를 써요.

1 Tom and I are at school. →

우리는 학교에 있다.

2 Janet is my little sister. →

그녀는 내 여동생이다.

3 My brothers are smart. →

그들은 똑똑하다.

4 Jimmy likes soccer. →

그는 축구를 좋아한다.

5 The leaves are green. →

그것들은 초록색이다.

6 Mia and you are kind. →

너희들은 친절하다.

He **is smart.**

그는 똑똑하다.

✏️ 알맞은 우리말을 연결하세요.

① My dad is busy. He is a doctor. •

② Jenny is my sister. She is cute. •

③ Jim is tall. He likes milk. •

• ⓐ 제니는 내 여동생이다. 그녀는 귀엽다.

• ⓑ 짐은 키가 크다. 그는 우유를 좋아한다.

• ⓒ 우리 아빠는 바쁘다. 그는 의사이다.

✏️ 다음 문장을 우리말로 쓰세요.

① Tim and Mia are in the classroom.
They are my friends.

의미 팀과 미아는 교실에 있다.
_____

② I have an apple. It is red.

의미 나는 사과가 있다.
_____

✏️ 주어진 단어를 이용하여 우리말에 맞게 쓰세요.

① 내 이름은 미아이다. 나는 고양이가 있다. **(have, a cat)**

➡️ My name is Mia. _____ I have a cat. _____

② 내 남동생과 나는 집에 있다. 우리는 아프다. **(are, sick)**

➡️ My brother and I are at home. _____

③ 그 아이들은 작다. 그들은 귀엽다. **(are, cute)**

➡️ The children are small. _____

④ 그 고양이는 크다. 그것은 사랑스럽다. **(is, lovely)**

➡️ The cat is big. _____

01 그림을 보고 주어진 단어를 이용하여 문장을 완성하세요.

1 I see _____ _____ . (table)

2 I see _____ _____ . (chair)

3 I see _____ _____ under the table. (dog)

4 I see _____ _____ on the table. (five, book)

02 우리말에 맞게 <보기>에서 단어를 찾아 올바른 형태로 쓰세요.

<보기>

potato   brother   salt

1 나는 소금이 더 필요하다.

➡ I need more _____ .

2 톰은 남동생이 한 명 있다.

➡ Tom has _____.

3 그는 시장에서 감자 세 개를 산다.

➡ He buys three _____ at the market.

03 다음 그림을 보고 우리말에 알맞은 말을 쓰세요.

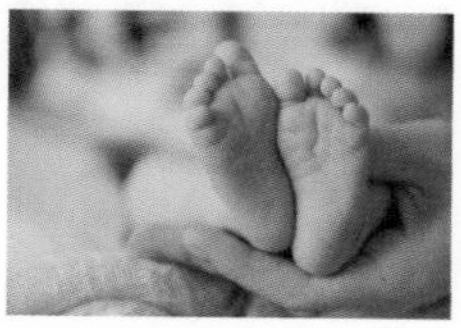

1 He has small _____.
그는 작은 발들을 가지고 있다.

2 _____ is too sweet.
설탕은 너무 달다.

3 _____ are very cute.
고양이들은 너무 귀엽다.

4 I play _____ in the morning.
나는 아침에 테니스를 친다.

5 _____ is white.
밀가루는 하얀색이다.

6 I eat _____ for lunch.
나는 점심으로 빵을 먹는다.

04 밑줄 친 부분을 대명사로 고쳐 문장을 다시 쓰세요.

1 <u>Rabbits</u> like carrots.   토끼들은 당근을 좋아한다.

➡ _____

2 <u>Tom</u> is a student.   톰은 학생이다.

➡ _____

3 <u>Anna</u> eats breakfast at 8.   안나는 8시에 아침을 먹는다.

➡ _____

4 <u>Paul and I</u> are friends.   폴과 나는 친구이다.

➡ _____

05 우리말에 맞게 빈칸을 채워 문장을 완성하세요.

1 Lora and Nick are my friends. _____ are smart.
로라와 닉은 내 친구들이다. 그들은 똑똑하다.

2 This is Mrs. Smith. _____ is a math teacher.
이 분은 스미스 여사이다. 그녀는 수학 선생님이다.

3 My name is Mary. _____ am from France.
내 이름은 메리이다. 나는 프랑스 출신이다.

06 다음 그림을 보고 대화에서 밑줄 친 부분을 고쳐 쓰세요.

1

A The <u>child</u> are cute.

B You are right.

_____ _____

2

A Are they <u>a tomato</u>?

B Yes, they are. They are delicious.

_____ _____

3

A Do you need <u>a water</u>?

B No. I need milk.

_____ _____

4

A Guess what? It has big ears. What is it?

B It is <u>rabbit</u>.

_____ ➡ _____

[1~4] 다음 대화를 읽고 밑줄 친 부분을 바르게 고쳐 쓰세요.

1. **A** Do you have <u>pencil</u>?
   B Yes. Here it is.

   _____ → _____

2. **A** May I help you?
   B I'm looking for <u>a sugar</u>.

   _____ → _____

3. **A** Is the teddy bear small?
   B No, <u>he</u> isn't.

   _____ → _____

4. **A** I need two <u>boxs</u>.
   B Here they are.

   _____ → _____

[5~8] 다음 지문을 읽고 어법상 어색한 부분을 바르게 고쳐 문장을 다시 쓰세요.

> Hi, my name is Sam. I live with my mom and dad. **5** <u>My mom is a engineer.</u> **6** <u>He has a long hair.</u> My dad is a teacher. **7** <u>He teaches a math.</u> And we have a cat, Pitt. **8** <u>It loves fishes.</u>

5. My mom is a engineer. → _____

6. He has a long hair. → _____

7. He teaches a math. → _____

8. It loves fishes. → _____

[9~11]   주어진 단어를 이용하여 어법에 맞게 문장을 완성하세요.

9. I have two _____(iguana) and three _____ (sheep).

10. I like _____(baseball). _____ is fun.

11. I eat _____(bread) and drink _____(milk) for breakfast.

[12~13]   <보기>의 단어를 이용하여 주어진 조건에 맞게 우리말을 영작하세요.

【조건】	【보기】
· I have로 문장을 시작할 것	bed child
· I have을 포함하여 4단어로 쓸 것	three five
· 숫자는 영어로 쓸 것	

12. 나는 다섯 명의 아이가 있다.

→ _____

13. 나는 내 방에 침대 세 개가 있다.

→ _____ in my room.

Chapter 2
be동사

Week 2

Day 01

오늘의 공부   be동사의 변화

제 평가는요?
☆☆☆☆☆

월 [　　　]   일 [　　　]   시간 [　　　]

Day 02

오늘의 공부   be동사의 세 가지 의미

제 평가는요?
☆☆☆☆☆

월 [　　　]   일 [　　　]   시간 [　　　]

Day 03

오늘의 공부   be동사의 부정문 / 의문문

제 평가는요?
☆☆☆☆☆

월 [　　　]   일 [　　　]   시간 [　　　]

Day 04

오늘의 공부   be동사의 활용

제 평가는요?
☆☆☆☆☆

월 [　　　]   일 [　　　]   시간 [　　　]

Day 05

오늘의 공부   단원 TEST / 중학 대비 TEST

제 평가는요?
☆☆☆☆☆

월 [　　　]   일 [　　　]   시간 [　　　]

be동사의 변화

혼공쌤
그림으로 기초 이해

[Today's 혼공]
오늘은 앞서 배운
명사와 자주 쓰는
be동사가 무엇인지,
be동사는 어떻게
변화하는지
배워볼 거예요.

Who are you?
넌 누구냐?

I... I am Ron.
나... 나는 론이야.

1 be동사

be 동사는 나, 너, 그, 그들이 누구인지, 기분 등이 어떤지를 말할 때 써요. 이때 누구인지에 따라 be동사가 **am**, **are**, **is**로 변해요.

누구(무엇)인지를 말할 때 써요.	나는 학생**이다**. **I am** a student.
기분, 외모, 상태 등을 나타낼 때 be동사를 써요.	너는 똑똑하**다**. **You are** smart.
어디에 있는지를 나타낼 때 be동사로 말해요.	그는 학교에 **있다**. **He is** at school.

2 be동사의 변화

be동사는 누구인지, 무엇인지 나타내는 주어에 따라 변화를 해요.

I	am	a singer.

나는 가수**이다**.

She	is	a singer.

그녀는 가수**이다**.

변화 ① I am **a cook.** 나는 요리사이다.

be동사는 누구, 곧 주어에 어울리게 **am, are, is**로 써요.

주어	be동사	
I 나	am	I am a doctor. 나는 의사이다.
He 그 She 그녀 It 그것	is	It is a pencil. 그것은 연필이다.
We 우리 You 너, 너희들 They 그들, 그것들	are	They are friends. 그들은 친구이다.

변화 ② I'm **a dancer.** 나는 댄서이다.

be동사는 주어와 줄여 쓸 수 있어요.

I	I am ➡ I'm			
He She It	is ➡	He's She's It's	We You They	are ➡	We're You're They're

I'm happy.	나는 행복하다.
He's my brother.	그는 내 남동생이다.
We're family.	우리는 가족이다.

☑ 주어에 어울리는 be동사를 연결해 보세요.

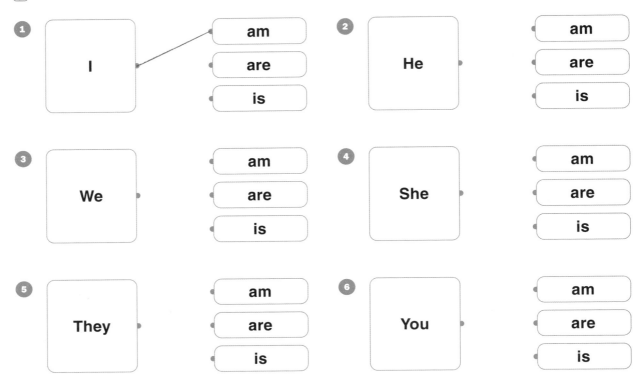

☑ be동사에 어울리는 주어를 골라 보세요.

1 _____ **am** happy.

☐ I   ☐ You   ☐ He

2 _____ **is** a doctor.

☐ I   ☐ We   ☐ She

3 _____ **are** 11 years old.

☐ You   ☐ It   ☐ He

4 _____ **is** a pig.

☐ You   ☐ It   ☐ They

Practice B 문장 완성하기

✏️ 우리말에 맞게 <주어 + be동사>를 써서 문장을 완성하세요.

1 나는 학생이다.

➡️ I am a student.

2 너는 학생이다.

➡️ a student.

3 우리는 공원에 있다.

➡️ in the park.

4 그것들은 공원에 있다.

➡️ in the park.

5 그는 행복하다.

➡️ happy.

6 그녀는 행복하다.

➡️ happy.

7 그들은 10살이다.

➡️ 10 years old.

8 너희들은 10살이다.

➡️ 10 years old.

Sentences 문장 바꿔 쓰기

✏️ 밑줄 친 부분을 주어에 어울리게 바꾼 뒤 문장을 다시 쓰세요.

[보기]

He **is tall**. → We **are tall** .

⌐ 주어 We는 be동사 are와 어울려요.

1 I am happy.
나는 행복하다.
→ You _____ .
너는 행복하다.

2 We are classmates.
우리는 반 친구이다.
→ They _____ .
그들은 반 친구이다.

3 She is at home.
그녀는 집에 있다.
→ I _____ .
나는 집에 있다.

4 They are twins.
그들은 쌍둥이다.
→ We _____ .
우리는 쌍둥이다.

5 You are a genius.
너는 천재이다.
→ He _____ .
그는 천재이다.

6 He is in the library.
그는 도서관에 있다.
→ It _____ .
그것은 도서관에 있다.

I am **a dancer.** 나는 댄서이다.

🖊 알맞은 우리말을 연결하세요.

1 We are **family.**　　　　　　　•　　　　　•　a 그는 내 남동생이다.

2 I am **10 years old.**　　　　　•　　　　　•　b 우리는 가족이다.

3 He is **my brother.**　　　　　•　　　　　•　c 나는 열 살이다.

🖊 다음 문장을 우리말로 쓰세요.

1 She is **a singer.**　　　　　의미　_____

2 They are **students.**　　　　의미　_____

🖊 주어진 말을 이용하여 우리말에 맞게 쓰세요.

1 나는 과학자이다. **(a scientist, I, be)**

➡ _____I am a scientist._____

2 그는 매우 똑똑하다. **(He, smart, be, very)**

➡ _____

3 그녀는 학교에 있다. **(at school, be, She)**

➡ _____

4 그것들은 개구리들이다. **(be, They, frogs)**

➡ _____

혼공쌤
그림으로 기초 이해

[Today's 혼공]
오늘은 앞서 배운 be동사의 세 가지 의미가 어떻게 변화하는지를 배워볼 거예요.

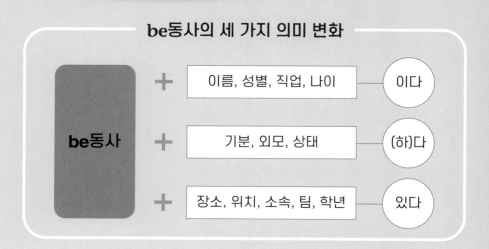

be동사의 세 가지 의미 변화

be동사	+ 이름, 성별, 직업, 나이	이다
	+ 기분, 외모, 상태	(하)다
	+ 장소, 위치, 소속, 팀, 학년	있다

의미 변화 ①

He is a scientist.
그는 과학자이다.

be동사 + 이름, 성별, 직업, 나이: ~이다로 해석해요.

be동사	+	이름, 성별, 직업, 나이(명사)	= ~이다

be동사의 의미: ~이다

be동사 +	이름	I am Mia .	나는 미아이다.
	직업 성별	You are a singer .	너는 가수이다.
		We are doctors .	우리는 의사이다.
		They are men .	그들은 남자이다.
	나이 가족관계 동물 / 사물	He is 10 years old .	그는 10살이다.
		She is my mom .	그녀는 내 엄마이다.
		It is a dog .	그것은 개이다.

He is cute. 그는 귀엽다.

be동사 + 기분, 외모, 상태: ~(하)다로 해석해요.

| be동사 | + | 기분, 외모, 상태(형용사) | = ~(하)다 |

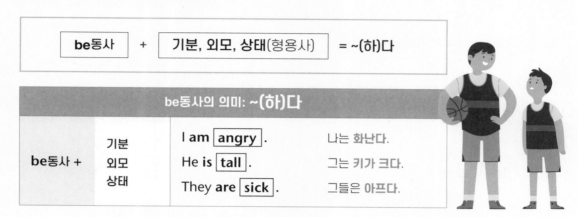

be동사의 의미: ~(하)다			
be동사 +	기분 외모 상태	I am angry . He is tall . They are sick .	나는 화난다. 그는 키가 크다. 그들은 아프다.

He is on the soccer team.

그는 축구팀에 있다.

be동사 + 장소, 위치, 팀, 소속, 학년: ~ 있다로 해석해요.

| be동사 | + | 장소, 위치, 소속, 팀, 학년 | = ~ 있다 |

be동사의 의미: ~ 있다			
be동사 +	장소 위치	I am at school . It is on the desk .	나는 학교에 있다. 그것은 책상 위에 있다.
	팀 소속	We are on the soccer team . They are in my class .	우리는 축구팀에 있다. 그들은 내 반이다(내 반에 있다).
	학년	He is in the 1st grade . She is in the 2nd grade .	그는 1학년이다(1학년에 있다). 그녀는 2학년이다(2학년에 있다).

☑ 다음 밑줄 친 be동사의 의미를 고르세요.

① I <u>am</u> a baseball player.   ☑ 이다   ☐ 있다

② It <u>is</u> on the table.   ☐ 있다   ☐ 이다

③ They <u>are</u> books.   ☐ 이다   ☐ 있다

④ He <u>is</u> in the library.   ☐ (하)다   ☐ 있다

⑤ She <u>is</u> hungry.   ☐ (하)다   ☐ 이다

☑ 우리말에 알맞은 말을 고르세요.

① 그것은 상자 안에 있다.   It is | the box / in the box | .

② 그녀는 축구 선수이다.   She is | a soccer player / on the soccer team | .

③ 그는 공원에 있다.   He is | the park / in the park | .

④ 나는 5학년이다.   I am | the 5th grade / in the 5th grade | .

⑤ 그것은 내 개이다.   It is | my dog / in my dog | .

주어진 단어를 이용하여 우리말에 맞게 대화를 완성하세요.

1  **my brother**

A: Who is Jack?　　　　　　　　　잭은 누구이니?

B: He *is my brother* .　　　　　그는 내 남동생이야.

2  **at school**

A: Where are you?　　　　　　　　너는 어디에 있니?

B: I _____ .　　　　　나는 학교에 있어.

3 **a cat**

A: What is it?　　　　　　　　　　그것은 무엇이니?

B: It _____ .　　　　　그것은 고양이야.

4  **on the desk**

A: Where are your books?　　　　　네 책들은 어디에 있니?

B: They _____ .　　　　그것들은 책상 위에 있어.

5  **my family**

A: Who are they?　　　　　　　　　그들은 누구이니?

B: They _____ .　　　　그들은 내 가족이야.

Sentences 문장 배열해 쓰기

주어진 단어를 우리말에 맞게 바르게 배열해 쓰세요.

[보기]

그는 도서관에 있다.
the library, He, in, is ➡ He is *in the library* .

'있다'라는 의미는 장소를 나타내는 in, at, on 등과 함께 써요.

---

1 그들은 내 반 친구들이다.
are, my classmates, They ➡

2 그것들은 작고 귀엽다.
are, small and cute, They ➡

3 우리는 축구팀에 있다.
are, on, We, the soccer team ➡

4 그는 축구 선수이다.
He, a soccer player, is ➡

5 너는 4학년이다.
are, in, You, the 4th grade ➡

6 그것은 차에 있다.
is, in, It, the car ➡

I am in the car. 나는 차에 있다.

✏️ 알맞은 우리말을 연결하세요.

1 My dad is hungry.   •————————•   a 내 아빠는 배고프다.

2 You are my friends.   •   •   b 그녀는 방에 있다.

3 She is in the room.   •   •   c 너희들은 내 친구들이다.

✏️ 다음 문장을 우리말로 쓰세요.

1 He is smart and kind.   의미 _____

2 They are in the park.   의미 _____

✏️ 주어진 말을 이용하여 우리말에 맞게 쓰세요.

1 나는 테니스 팀에 있다. (be, I, on the tennis team)

   ➡ _____I am on the tennis team._____

2 그는 키가 크다. (tall, He, be)

   ➡ _____

3 그녀는 학교에 있다. (at school, be, She)

   ➡ _____

4 그것은 신선하고 맛있다. (fresh and, It, be, delicious)

   ➡ _____

혼공쌤
그림으로 기초 이해

[Today's 혼공]
오늘은 be동사를 이용해 부정문과 의문문을 배워볼 거예요.

1 be동사의 변화 – 부정문

be동사의 부정문은 <be동사 + not>으로 써요.

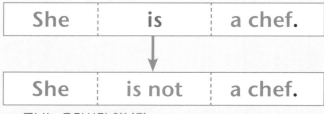

She	is	a chef.

She	is not	a chef.

그녀는 요리사가 **아니다**.

부정문

He is not a farmer. 그는 농부가 아니다.

be동사의 부정문은 <am, is, are + not>로 써요.

주어	be동사 + not
I	am not
You / We / They	are not(= aren't)
He / She / It	is not(= isn't)

* **be동사**의 부정문은 '아니다, 없다'로 해석해요.

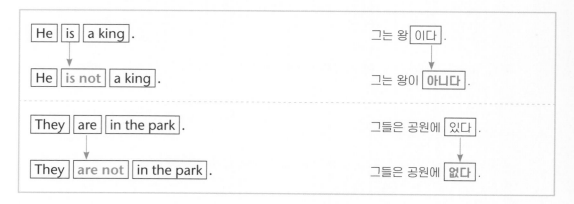

He is a king . → He is not a king .   그는 왕 이다 . → 그는 왕이 아니다 .

They are in the park . → They are not in the park .   그들은 공원에 있다 . → 그들은 공원에 없다 .

2 be동사의 변화 – 의문문

be동사의 의문문은 주어와 **am, is, are** 자리를 바꿔 써요.

It	is	a melon.

Is	it	a melon?

그것이 멜론**이니?**

의문문

Is he at the mall? 그는 쇼핑몰에 있니?

be동사의 의문문은 <Am, Is, Are + 주어~?>로 써요.

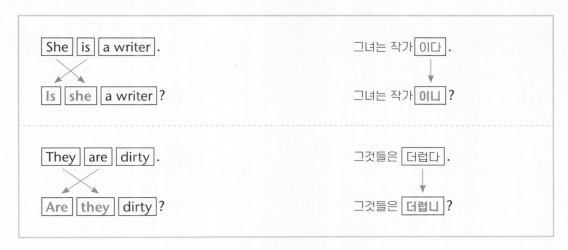

She is a writer .

Is she a writer ?

그녀는 작가 이다 .

그녀는 작가 이니 ?

They are dirty .

Are they dirty ?

그것들은 더럽다 .

그것들은 더럽니 ?

* **be동사 의문문의 답**은 <Yes, 주어 + be동사>, <No, 주어 + be동사 + not>으로 써요.

의문문	Yes, 주어 + be동사	No, 주어 + be동사 + not
Are you a cook?	Yes, I am.	No, I am not.*
Is he at the concert?	Yes, he is.	No, he is not(isn't).
Is she at the concert?	Yes, she is.	No, she is not(isn't).
Are they kind?	Yes, they are.	No, they are not(aren't).

* Are you~? 라고 물을 때 답은 I로 해요.

☑ be동사의 부정문을 쓸 때 빈칸에 들어갈 알맞은 말을 고르세요.

1 I _____ a swimmer.   ☑ am not   ☐ are not

2 She _____ at the concert.   ☐ is not   ☐ are not

3 They _____ bears.   ☐ is not   ☐ are not

4 He _____ in the bathroom.   ☐ am not   ☐ is not

5 We _____ hungry.   ☐ is not   ☐ are not

☑ be동사의 의문문을 쓸 때 빈칸에 들어갈 알맞은 말을 고르세요.

1 _____ a firefighter?   ☐ Is you   ☐ Are you

2 _____ at the airport?   ☐ Is he   ☐ Are he

3 _____ good students?   ☐ Is they   ☐ Are they

4 _____ in the kitchen?   ☐ Am we   ☐ Are we

5 _____ a painter?   ☐ Is she   ☐ Are she

Practice B 문장 바꿔 쓰기

✏️ 주어진 문장을 부정문과 의문문으로 바꿔 쓰세요.

1 I am a nurse.
나는 간호사이다. →

부정문 | I am not a nurse.

의문문 |

2 He is handsome.
그는 잘생겼다. →

부정문 |

의문문 |

3 They are my classmates.
그들은 내 반 친구들이다. →

부정문 |

의문문 |

4 She is in my class.
그녀는 내 반이다. →

부정문 |

의문문 |

5 They are on my team.
그들은 내 팀에 있다. →

부정문 |

의문문 |

6 It is delicious.
그것은 매우 맛있다. →

부정문 |

의문문 |

Sentences 문장 완성해 쓰기

🖊 주어진 말을 이용하여 우리말에 맞게 쓰세요.

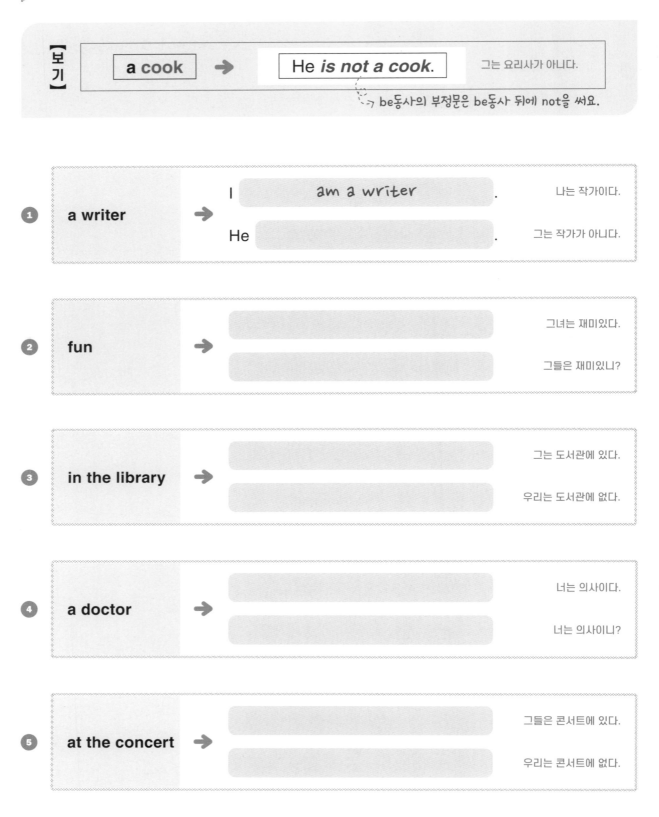

[보기]

| a cook | → | He *is not a cook*. | 그는 요리사가 아니다. |

↳ be동사의 부정문은 be동사 뒤에 not을 써요.

1 a writer →
I am a writer . 나는 작가이다.
He . 그는 작가가 아니다.

2 fun →
그녀는 재미있다.
그들은 재미있니?

3 in the library →
그는 도서관에 있다.
우리는 도서관에 없다.

4 a doctor →
너는 의사이다.
너는 의사이니?

5 at the concert →
그들은 콘서트에 있다.
우리는 콘서트에 없다.

Is it a tiger?

그것은 호랑이니?

🖊 알맞은 우리말을 연결하세요.

① I'm not happy.

② Are you a swimmer?

③ We aren't in the 4th grade.

ⓐ 너는 수영선수이니?

ⓑ 나는 행복하지 않다.

ⓒ 우리는 4학년이 아니다.

🖊 다음 문장을 우리말로 쓰세요.

① He isn't hungry.   의미 _____

② Are they in the kitchen?   의미 _____

🖊 주어진 말을 이용하여 우리말에 맞게 쓰세요.

① 그녀는 버스 정류장에 없다. (be, She, at the bus stop)

➡ _____She is not(isn't) at the bus stop._____

② 그는 5학년이니? (in the 5th grade, be, he)

➡ _____

③ 그들은 바쁘니? (they, busy, be)

➡ _____

④ 나는 농부가 아니다. (a farmer, I, be)

➡ _____

be동사의 활용

혼공쌤
그림으로 기초 이해

[Today's 혼공]
오늘은 be동사와 함께 쓰는 명사의 모양이 어떤지를 배워볼 거예요.

1 be동사와 수

be동사는 명사의 수에 따라 변화해요.

It	is	a bird.

그것은 **새이다.**

They	are	birds.

그것들은 **새들이다.**

be동사 + 명사

It is a pencil. 그것은 연필이다.

be동사와 명사의 수를 일치시켜야 해요. 하나, 한 명일 때 **is**, 둘 이상일 때 **are**로 수일치를 해야 해요.

is + a 명사	단수 명사 → is
are + 명사(e)s	복수 명사 → are

He / She / It is + 하나(단수)

a / an + 명사	is와 함께 사용
a carrot, a firefighter, an orange, an elephant	It **is** a carrot. 그것은 당근이다. He **is** a firefighter. 그는 소방관이다.

They are + 둘 이상(복수)

명사 + (e)s	are와 함께 사용
toy**s**, nurse**s**, box**es**, dish**es**	They **are** toy**s**. 그것들은 장난감들이다. They **are** nurse**s**. 그들은 간호사들이다.

2 There is / There are

<There + be동사>는 뒤에 오는 명사의 수에 따라 변화를 해요.

There	is	a spoon.

숟가락이 있다.

There	are	knives.

칼들이 있다.

There is a crayon. 크레용이 있다.

명사가 **하나, 한 명**일 때 <There is ~>를 쓰고 '~ 있다'로 해석해요.

There is a book in my bag.	내 가방에 책이 있다.
There is a fly on the floor.	바닥에 파리가 있다.
There is a clock on the wall.	벽에 시계가 있다.

There are crayons. 크레용들이 있다.

명사가 **둘 이상**일 때 <There are ~>로 써요.

There is	+ 단수 명사	There is a bear. 곰이 있다. There is an ant. 개미가 있다.
There are	+ 복수 명사	There are keys. 열쇠들이 있다. There are flowers. 꽃들이 있다.

There are two girls in the class.	수업에 두 명의 소녀들이 있다.
There are dishes in the kitchen.	부엌에 접시들이 있다.
There are dolls on the table.	탁자 위에 인형들이 있다.

☑ 우리말에 알맞은 말을 고르세요.

1 그것은 장난감이다.
It is (a toy) / toys .

그것들은 장난감들이다.
They are a toy / toys .

2 그는 소방관이다.
He is a firefighter / firefighters .

그들은 소방관들이다.
They are a firefighter / firefighters .

3 나는 간호사이다.
I am a nurse / nurses .

우리는 간호사들이다
We are a nurse / nurses .

4 그것은 파리이다.
It is a fly / flies .

그것들은 파리들이다.
They are a fly / flies .

☑ 다음 문장에 알맞은 말을 고르세요.

1 There is a dog / dogs .

2 There are a car / cars .

3 There are a child / children .

4 There is a carrot / carrots .

5 There is / are a house.

6 There is / are flowers.

7 There is / are two boys.

8 There is / are a bear.

9 There is a bird / birds .

10 There is / are apples.

✏️ 주어진 단어를 이용하여 우리말에 맞게 문장을 완성하세요.

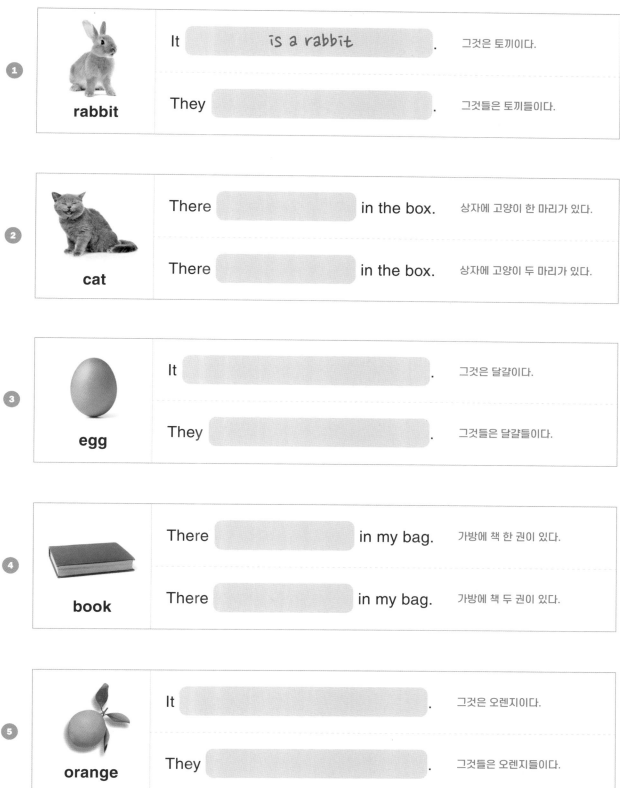

1 rabbit

It <u>is a rabbit</u> .　그것은 토끼이다.

They _____ .　그것들은 토끼들이다.

2 cat

There _____ in the box.　상자에 고양이 한 마리가 있다.

There _____ in the box.　상자에 고양이 두 마리가 있다.

3 egg

It _____ .　그것은 달걀이다.

They _____ .　그것들은 달걀들이다.

4 book

There _____ in my bag.　가방에 책 한 권이 있다.

There _____ in my bag.　가방에 책 두 권이 있다.

5 orange

It _____ .　그것은 오렌지이다.

They _____ .　그것들은 오렌지들이다.

✏️ 주어진 단어를 우리말에 맞게 바르게 배열해 쓰세요.

[보기]

새 한 마리가 있다.
is, a bird, There ➡ **There is a bird** .

⤳ There is 다음에 단수 명사를 써요.

1 그것들은 곰이다.
bears, They, are ➡

2 그것들은 접시들이다.
They, dishes, are ➡

3 그것은 손목시계이다.
is, a watch, It ➡

4 바닥에 공들이 있다.
on the floor, There, balls, are ➡

5 부엌에 탁자가 있다.
is, in the kitchen, There, a table ➡

6 정원에 꽃들이 있다.
are, There, flowers, in the garden ➡

 # There are bears. 곰들이 있다.

✏️ 알맞은 우리말을 연결하세요.

1 It is a monkey. • • **a** 방에 장난감들이 있다.

2 There is a bench. • • **b** 그것은 원숭이이다.

3 There are toys in the room. • • **c** 벤치가 있다.

✏️ 다음 문장을 우리말로 쓰세요.

1 There are books in the bag. 의미 _____

2 They are doctors. 의미 _____

✏️ 주어진 단어를 이용하여 우리말에 맞게 쓰세요.

1 소파에 고양이 두 마리가 있다. (There, cats, two, be)

→ *There are two cats* on the sofa.

2 탁자에 사과가 있다. (apple, There, an, be)

→ _____ on the table.

3 집에 방 세 개가 있다. (be, three, There, rooms)

→ _____ in the house.

4 바구니에 인형이 있다. (a, be, There, doll)

→ _____ in the basket.

01 그림을 보고 주어진 단어를 활용해 be동사를 넣어 문장을 완성하세요.

1 She, a chef ➡ _____

2 I, 11 years old ➡ _____

3 We, good friends ➡ _____

4 They, at school ➡ _____

02 우리말에 맞게 <보기>에서 단어를 찾아 문장을 완성하세요.

> **보기**
>
> in the 4th grade   smart   on the soccer team   a scientist

1 나는 과학자이다.

➡ I _____ .

2 그녀는 똑똑하다.

➡ She _____ .

3 그는 축구팀에 있다.

➡ He _____.

4 그들은 4학년이다.

➡ They _____.

03 다음 우리말에 맞게 문장을 고쳐 다시 쓰세요.

1 그들은 콘서트에 있니?

They are at the concert.

 _____

2 우리는 바쁘지 않다.

We are busy.

 _____

3 그는 차 안에 있니?

He is in the car.

 _____

4 그녀는 2학년이 아니다.

She is in the 2nd grade.

 _____

5 너는 축구 선수이니?

You are a soccer player.

 _____

04 밑줄 친 부분을 우리말에 맞게 고쳐 문장을 다시 쓰세요.

1 It is carrots. 그것들은 당근들이다.

➔ _____

2 They are a bird. 그것은 새이다.

➔ _____

3 There is two students in the class. 수업에 학생 두 명이 있다.

➔ _____

4 There are a pencil in my bag. 내 가방에 연필이 있다.

➔ _____

05 우리말에 맞게 빈칸을 채워 문장을 완성하세요.

1 Lora and Nick aren't my family. _____ my friends.
로라와 닉은 내 가족이 아니다. 그들은 내 친구들이다.

2 Kim is at school. _____ in the park.
김은 학교에 있다. 그녀는 공원에 없다.

3 He's not 11 years old. _____ 12 years old.
그는 11살이 아니다. 그는 12살이다.

06 다음 그림을 보고 대화에서 밑줄 친 부분을 고쳐 쓰세요.

1

A Where is Olivia?

B She is <u>the kitchen</u>.

_____ ➡ _____

2

A <u>Is it</u> tomatoes?

B Yes, they are. They are green.

_____ ➡ _____

3

A Who is Kate?

B <u>They are</u> a firefighter.

_____ ➡ _____

4

A <u>There is</u> two rabbits on the sofa.

B They are cute.

_____ ➡ _____

중학 대비 TEST
be동사

(   )학년 (   )반 (   )번   이름 (   )

[1~4] 주어진 단어를 활용하여 대화의 답에 맞게 질문을 완성하세요.

1. (Sue and Jack, busy)

     A _____

     B Yes, they are.

2. (your sister, in the library)

     A _____

     B No, she isn't. She is at school.

3. (Mary and you, late for school)

     A _____

     B Yes, we are. Sorry for that.

4. (Junho, on the baseball team)

     A _____

     B No, he isn't. He's on the soccer team.

[5~8] 다음 지문을 읽고 어법상 <u>어색한</u> 부분을 바르게 고쳐 문장을 다시 쓰세요.

> His name is David. **5** <u>David not is an artist.</u> **6** <u>She is an office worker.</u> But he works at home. **7** <u>He are not in the office.</u> **8** <u>His computer are in his room.</u> He loves working at home.

5. David not is an artist.   → _____

6. She is an office worker.   → _____

7. He are not in the office. → _____

8. His computer are in his room. → _____

[9~11] <주어 + be동사>를 이용하여 빈칸을 채워 문장을 완성하세요.

9. | Hello, my name is Sarah. _____ a singer. |

10. | Tom is my brother. _____ 12 years old. |

11. | Sarah and Tom are friends. _____ in my class. |

[12~13] <보기>의 단어를 이용하여 주어진 조건에 맞게 우리말을 영작하세요.

【조건】	【보기】
· There is로 문장을 시작할 것 · There is를 포함하여 4단어로 쓸 것 · a, an에 주의	onion student bench

12. 선반에 양파가 있다.

→ _____ on the shelf.

13. 공원에 벤치가 있다.

→ _____ in the park.

Chapter 3

일반동사

Week 3

Day 01

오늘의 공부   일반동사의 변화 1

제 평가는요? ☆☆☆☆☆

월 ⬜ 일 ⬜   시간 ⬜

Day 02

오늘의 공부   일반동사의 변화 2

제 평가는요? ☆☆☆☆☆

월 ⬜ 일 ⬜   시간 ⬜

Day 03

오늘의 공부   일반동사의 변화 3

제 평가는요? ☆☆☆☆☆

월 ⬜ 일 ⬜   시간 ⬜

Day 04

오늘의 공부   일반동사의 변화 4

제 평가는요? ☆☆☆☆☆

월 ⬜ 일 ⬜   시간 ⬜

Day 05

오늘의 공부   단원 TEST / 중학 대비 TEST

제 평가는요? ☆☆☆☆☆

월 ⬜ 일 ⬜   시간 ⬜

일반동사의 변화 1

혼공쌤
그림으로 기초 이해

─────●─────

[Today's 혼공]
동사는 앞서 배운 be동사와 일반동사가 있어요. 일반동사를 어떻게 사용하는지에 대해 배워볼 거예요.

> **Wow! Look at her.**
> 와! 그녀를 봐!

> **She jumps high.**
> 그녀는 높이 뛰네.

1 일반동사

'걷다, 뛰다, 말하다'처럼 움직임, 동작을 말하거나 '사랑하다, 생각하다'처럼 정신적 활동, 상태를 말하는 것을 be 동사와 구별하여 일반동사라고 불러요.

움직임, 동작을
나타내는 말 = 일반동사

run   swim   sing

정신적 활동, 상태를
나타내는 말 = 일반동사

have   love   think

2 일반동사의 변화

일반동사는 주어에 어울리게 형태를 바꿔 써야 해요.

| I | read | books. |

나는 책을 읽는다.

| He | reads | books. |

그는 책을 읽는다.

He walks fast. 그는 빨리 걷는다.

일반동사는 **주어에 따라** walk → walks처럼 다르게 써요.
일반동사는 주어가 He, She, It일 때 -(e)s를 써요.

주어	일반동사의 변화			
I / You / We / They	love	live	need	start
He / She / It	loves	lives	needs	starts

* **일반동사**는 주어가 He, She, It일 때 변화 규칙에 맞게 바꿔 써야 해요.

일반 동사	규칙	예
대부분의 동사	+ s	see → sees　　　move → moves make → makes　　cook → cooks He **see**s a bird.　그는 새를 본다. She **cook**s well.　그녀는 요리를 잘한다.
-o, -s, -x, -sh, -ch로 끝나는 동사	+ es	go → goes　　　fix → fixes wash → washes　　watch → watches He **go**es to school.　그는 학교에 간다. She **watch**es TV.　그녀는 TV를 본다.

☑ 주어진 주어에 어울리는 알맞은 형태를 고르세요.

1 I
- ☑ run
- ☐ runs

2 He
- ☐ fix
- ☐ fixes

3 They
- ☐ move
- ☐ moves

4 She
- ☐ sleep
- ☐ sleeps

5 It
- ☐ go
- ☐ goes

6 You
- ☐ love
- ☐ loves

☑ 주어진 동사에 어울리는 알맞은 주어를 고르세요.

1
- ☐ I
- ☐ He

sees

2
- ☐ We
- ☐ She

likes

3
- ☐ It
- ☐ They

start

4
- ☐ She
- ☐ They

watches

5
- ☐ He
- ☐ You

washes

6
- ☐ I
- ☐ He

cooks

Practice B 문장 완성하기

✏️ 주어진 단어를 이용하여 어법에 맞게 문장을 완성하세요.

1

go

I _____ go _____ to school. 나는 학교에 간다.

He _____ to school. 그는 학교에 간다.

2

eat

He _____ fruit. 그는 과일을 먹는다.

They _____ fruit. 그들은 과일을 먹는다.

3

play

You _____ tennis. 너는 테니스를 친다.

She _____ tennis. 그녀는 테니스를 친다.

4

drink

We _____ milk every morning. 우리는 아침마다 우유를 마신다.

She _____ milk every morning. 그녀는 아침마다 우유를 마신다.

5

do

He _____ his homework. 그는 그의 숙제를 한다.

She _____ her homework. 그녀는 그녀의 숙제를 한다.

Sentences 문장 고쳐 쓰기

밑줄 친 부분을 어법에 맞게 고친 뒤 문장을 다시 쓰세요.

보기

He **make** pizza. → He **makes** pizza.

주어가 He이므로 일반동사 make는 makes로 고쳐 써요.

1 I sings well. →

나는 노래를 잘한다.

2 He need money. →

그는 돈이 필요하다.

3 She play soccer. →

그녀는 축구를 한다.

4 They lives in Jeju. →

그들은 제주에 산다.

5 We likes cookies. →

우리는 쿠키를 좋아한다.

6 It start at 8. →

그것은 8시에 시작된다.

문장
쓰기

Sentence 연결하기

✏️ 알맞은 우리말을 연결하세요.

1 He writes novels. •

2 I watch TV at night. •

3 She goes to school at 8. •

a 그녀는 8시에 학교에 간다.

b 나는 밤에 TV를 본다.

c 그는 소설을 쓴다.

✏️ 다음 문장을 우리말로 쓰세요.

1 It eats fruit. 의미 _____

2 They cook well. 의미 _____

Sentence 써보기

✏️ 주어진 말을 이용하여 우리말에 맞게 쓰세요.

1 나는 우유를 마신다. (milk, drink, I)

➡ _____ I drink milk. _____

2 그는 수학을 좋아한다. (like, math, He)

➡ _____

3 그녀는 그녀의 식사 전에 그녀의 손을 씻는다. (wash, her hands, She)

➡ _____ before her meal.

4 그것은 낮 동안에 잔다. (sleep, It)

➡ _____ during the day.

혼공쌤
그림으로 기초 이해

[Today's 혼공]
오늘은 일반동사에서 추가로 배워야 하는 변화와 일반동사의 부정문을 배워볼 거예요.

1 일반동사 변화

주어가 he, she, it일 때 **일반동사**의 형태를 바꿔 써요.

He	studies	math.

그는 수학을 **공부한다**.

He	has	a computer.

그는 컴퓨터가 **있다**.

동사 변화

He cries at night. 그는 밤에 운다.

일반동사는 **주어에 따라** 다음과 같이 **변화**해요.

규칙 변화			불규칙 변화
-s	-es	-ies	
speak → speaks	do → does	fly → flies	have → has
feel → feels	brush → brushes	cry → cries	

ㄱ 〈자음 + y〉인 동사는 ies를 붙여 써요.

* **일반동사**의 주어에 따른 모양 변화는 다음과 같이 바꿔 쓰세요.

주어	walk	study	have
I	walk	study	have
You	walk	study	have
We	walk	study	have
He	walks	studies	has
She	walks	studies	has
It	walks	studies	has
They	walk	study	have

2 일반동사 부정문

일반동사의 부정문은 동사 앞에 do(es) not을 써요.

| I | like | milk. |

나는 우유를 **좋아한다**.

| I | do not like | milk. |

나는 우유를 **좋아하지 않는다**.

정문 ①

I do not live there.

나는 거기에 살지 않는다.

일반동사의 부정문은 주어에 따라 동사 앞에 <do + not> 또는 <does + not>을 써요.

주어	부정	예문
I, You, We, They	do not	I do not eat vegetables. = I don't eat vegetables. 나는 야채를 먹지 **않는다**.
He, She, It	does not	He does not eat meat. = He doesn't eat meat. 그는 고기를 먹지 **않는다**.

*do not → don't, does not → doesn't로 줄여 쓸 수 있어요.

정문 ②

He doesn't (cry / cries).

그는 울지 않는다.

일반동사의 부정문에서 주어가 He, She, It일 때 **does not** 다음에 동사는 기본 형태 그대로 써요.

| He | sings | at night |.   그는 밤에 노래한다 .

| He | does not (sing / ~~sings~~) | at night |.   그는 밤에 노래하지 않는다 .

⌐ does not 다음에는 sings가 아닌 sing인 기본 형태로 써야 해요.

☑ 주어진 주어에 어울리는 알맞은 형태를 고르세요.

1 I | ☑ drink / ☐ drinks

2 She | ☐ have / ☐ has

3 They | ☐ like / ☐ likes

4 He | ☐ try / ☐ tries

5 We | ☐ feel / ☐ feels

6 You | ☐ watch / ☐ watches

7 You | ☐ walk / ☐ walks

8 He | ☐ say / ☐ says

9 She | ☐ buy / ☐ buys

10 It | ☐ cry / ☐ cries

☑ 부정문을 쓸 때 빈칸에 들어갈 알맞은 말을 고르세요.

1 I _____ cook dinner. ☐ do not ☐ does not

2 It _____ have six legs. ☐ do not ☐ does not

3 They _____ speak English. ☐ do not ☐ does not

4 He _____ sleep in the library. ☐ do not ☐ does not

5 She _____ eat food on the subway. ☐ do not ☐ does not

Practice B 문장 완성하기

✏️ 주어진 단어를 이용하여 어법에 맞게 문장을 완성하세요.

1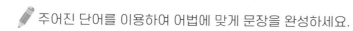

go

I <u>do not(don't) go</u> to school.   나는 학교에 가지 않는다.

He _____ to school.   그는 학교에 가지 않는다.

2

cry

It _____ at night.   그것은 밤에 울지 않는다.

They _____ at night.   그것들은 밤에 울지 않는다.

3

read

You _____ books every day.   너는 책을 매일 읽지는 않는다.

She _____ books every day.   그녀는 책을 매일 읽지는 않는다.

4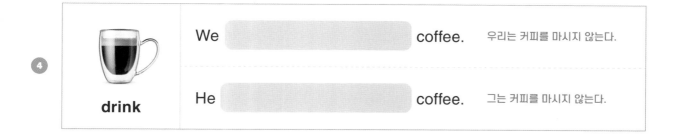

drink

We _____ coffee.   우리는 커피를 마시지 않는다.

He _____ coffee.   그는 커피를 마시지 않는다.

5

do

He _____ his homework.   그는 그의 숙제를 하지 않는다.

She _____ her homework.   그녀는 그녀의 숙제를 하지 않는다.

✏️ 밑줄 친 부분을 어법에 맞게 고친 뒤 부정문으로 바꿔 쓰세요.

1 I <u>walks</u> to school.
나는 학교에 걸어간다.
→
옳은 문장   I walk to school.
부정문

2 He <u>have</u> breakfast.
그는 아침을 먹는다.
→
옳은 문장
부정문

3 She <u>do</u> the dishes at 8.
그녀는 8시에 설거지를 한다.
→
옳은 문장
부정문

4 It <u>flys</u> high.
그것은 높이 난다.
→
옳은 문장
부정문

5 They <u>rides</u> a bike after school.
그들은 방과 후에 자전거를 탄다.
→
옳은 문장
부정문

6 We <u>likes</u> candies.
우리는 사탕을 좋아한다.
→
옳은 문장
부정문

I don't like carrots.

나는 당근을 좋아하지 않는다.

🖊 알맞은 우리말을 연결하세요.

1 They don't have wings. •

2 He doesn't study math. •

3 She doesn't sleep well. •

• **a** 그녀는 잘 자지 못한다.

• **b** 그것들은 날개가 없다.

• **c** 그는 수학을 공부하지 않는다.

🖊 다음 문장을 우리말로 쓰세요.

1 I don't have a bike.　　　　 의미 ＿＿＿＿＿＿＿＿＿＿

2 It doesn't eat meat.　　　　 의미 ＿＿＿＿＿＿＿＿＿＿

🖊 주어진 단어를 이용하여 우리말에 맞게 쓰세요.

1 그것은 물을 좋아하지 않는다. (It, water, like)

➡ ＿＿＿＿＿＿It doesn't like water.＿＿＿＿＿

2 그는 집에서 일하지 않는다. (at home, He, work)

➡ ＿＿＿＿＿＿＿＿＿＿＿＿＿＿＿＿＿

3 그녀는 생선을 먹지 않는다. (fish, eat, She)

➡ ＿＿＿＿＿＿＿＿＿＿＿＿＿＿＿＿＿

4 그것들은 다리가 없다. (have, They, legs)

➡ ＿＿＿＿＿＿＿＿＿＿＿＿＿＿＿＿＿

일반동사의 변화 3

혼공쌤
그림으로 기초 이해

[Today's 혼공]
오늘은 일반동사의
의문문과 그 대답을
배워볼 거예요.

1 일반동사 의문문

일반동사의 의문문은 문장 앞에 Do, Does를 써요.

They move slowly.

↓

Do	they move slowly?

그것들은 천천히 움직이니?

의문문 ①

Do you cook well? 너는 요리를 잘하니?

일반동사의 의문문은 주어 앞에 Do를 쓰지만 **주어가 he, she, it**일 때 주어 앞에 Does를 써요.

I, you, we, they가 주어일 때		예문
Do	I, you, we, they~?	They play soccer. → (Do) they play soccer? 그들은 축구를 하니?

he, she, it이 주어일 때		예문
Does	he, she, it~?	He plays soccer. → (Does) he play soccer? 그는 축구를 하니?

의문문 ②

Does he (~~has~~ / have) a car?
그는 차가 있니?

일반동사의 의문문에서 주어가 he, she, it일 때 <Does + 주어> 다음에 동사는 기본 형태 그대로 써요.

She likes cookies.		그녀는 쿠키를 좋아한다.
Does	she (like / ~~likes~~) cookies?	↓ 그녀는 쿠키를 좋아하니 ?

2 일반동사 의문문의 대답

일반동사의 의문문 답은 **Yes**나 **No**로 해요.

Does	she	like milk?

그녀는 우유를 좋아하니?

No,	she	doesn't.

아니, 그렇지 않아.

문문 ③

A: **Do you run fast?**
B: **Yes, I do.**
A: 너는 빨리 달리니?   B: 그래, 맞아.

일반동사 의문문의 답은 <Yes, 주어 + do / does>나 <No, 주어 + don't / doesn't>로 써요.

의문문	Yes, 주어 + do / does	No, 주어 + don't / doesn't
Do you watch TV?	Yes, I do. Yes, we do.	No, I don't.* No, we don't.*
Do we have a class? Do they have a class?	Yes, we do. Yes, they do.	No, we don't. No, they don't.
Does he cook well? Does she cook well?	Yes, he does. Yes, she does.	No, he doesn't. No, she doesn't.

* you(너)로 물으면 I(나), you(너희)로 물으면 we(우리)로 답해요.

* 의문문에 Yes, No로 대답하고, 그 뒤에 그 이유를 더 말할 수 있어요.

A:	Does	he	live in Paris	?	그는 파리에 사니?
B:	No,	he doesn't	.	He lives in Seoul	.	아니, 그렇지 않아. 그는 서울에 살아.

☑ 의문문을 쓸 때 빈칸에 들어갈 알맞은 말을 고르세요.

1. _____ play soccer?   ☑ Do they   ☐ Does they

2. _____ study after school?   ☐ Do you   ☐ Does you

3. _____ speak English?   ☐ Do he   ☐ Does he

4. _____ have a class?   ☐ Do she   ☐ Does she

5. _____ sleep at night?   ☐ Do it   ☐ Does it

☑ 다음 의문문의 대답으로 알맞은 말을 고르세요.

1. Does he play the piano?   ☐ Yes, he do.   ☐ Yes, he does.

2. Does she have a dog?   ☐ No, she don't.   ☐ No, she doesn't.

3. Do you work at home?   ☐ Yes, I do.   ☐ Yes, I does.

4. Do they do the dishes?   ☐ No, they don't.   ....
   ☐ No, they doesn't.

5. Does it fly fast?   ☐ Yes, it do.   ☐ Yes, it does.

Practice B 대화 완성하기

✏️ 그림을 보고, 우리말에 맞게 대화를 완성하세요.

1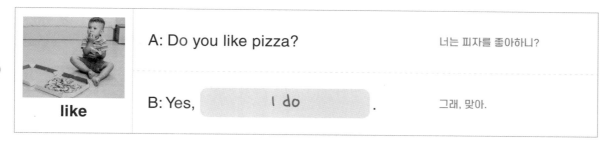

like

A: Do you like pizza? 너는 피자를 좋아하니?

B: Yes, I do . 그래, 맞아.

2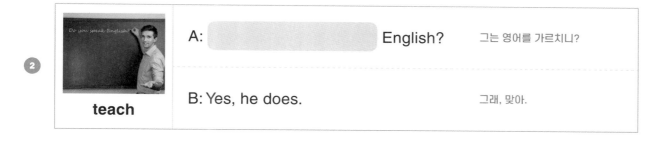

teach

A: _____ English? 그는 영어를 가르치니?

B: Yes, he does. 그래, 맞아.

3

snow

A: Does it snow a lot? 눈이 많이 오니?

B: No, _____. 아니, 그렇지 않아.

4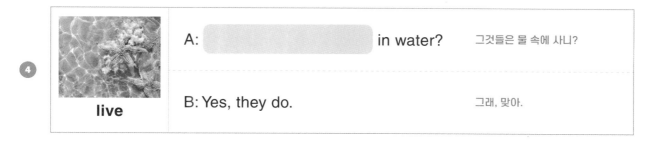

live

A: _____ in water? 그것들은 물 속에 사니?

B: Yes, they do. 그래, 맞아.

5

watch

A: Does she watch TV? 그녀는 TV를 보니?

B: No, _____. 아니, 그렇지 않아.

✏️ 다음 문장을 의문문으로 바꾼 뒤 대답을 쓰세요.

1 You walk to school.
너는 학교에 걸어간다.
→ Do you walk to school?
Yes, _____ .

2 He gets up early.
그는 일찍 일어난다.
→ _____
No, _____ .

3 She feeds her dog every day.
그녀는 매일 그녀의 개에게 먹이를 준다.
→ _____
Yes, _____ .

4 It has six legs.
그것은 다리 여섯 개가 있다.
→ _____
No, _____ .

5 They like music.
그들은 음악을 좋아한다.
→ _____
Yes, _____ .

6 We have dinner together.
우리는 함께 저녁을 먹는다.
→ _____
No, _____ .

문장
쓰기

Do you have a car? 너는 차가 있니?

Sentence 익히기

알맞은 우리말을 연결하세요.

1. Do you play games? — ⓐ 그녀는 줄넘기를 하니?
2. Does she jump rope? — ⓑ 너는 게임을 하니?
3. Does he like cheese? — ⓒ 그는 치즈를 좋아하니?

다음 문장을 우리말로 쓰세요.

1. Do they have friends? 의미 ____________________
2. Does it move fast? 의미 ____________________

Sentence 써보기

주어진 말을 이용하여 우리말에 맞게 쓰세요.

1. 너는 테니스를 치니? **(play, you, tennis)**

→ Do you play tennis?

2. 그것은 물 속에 사니? **(in water, it, live)**

→ ____________________

3. 그녀는 학교에 가니? **(to school, go, she)**

→ ____________________

4. 그들은 간식이 좀 필요하니? **(some snacks, they, need)**

→ ____________________

일반동사의 변화 4

혼공쌤
그림으로 기초 이해

[Today's 혼공]
오늘은 무엇을
배울까요?
바로 동사 총집합!
be동사와 일반동사를
구분하는 법을
배워볼 거예요.

Oh, she is a student!
오, 그녀는 학생이구나!

Mia goes to school.
미아는 학교에 가.

1 be동사와 일반동사

be동사와 일반동사는 쓰임이 다르니 잘 구별하여 써야 해요.

be동사	She is a soccer player.	그녀는 축구 선수이다.
일반동사	She plays soccer.	그녀는 축구를 한다.

be동사	He is a cook.	그는 요리사이다.
일반동사	He cooks well.	그는 요리를 잘 한다.

be동사	I am a singer.	나는 가수이다.
일반동사	I sing a song.	나는 노래를 한다.

2 동사 구별하기

동사는 주어에 어울리게 바꿔 써야 해요.

I	am	a doctor.

나는 의사**이다**.

I	help	sick people.

나는 아픈 사람들을 **돕는다**.

사 변화

He **is a teacher.** 그는 선생님이다.
He teaches **math.** 그는 수학을 가르친다.

be동사는 누구(무엇)인지, (기분, 형태 등이) 어떠한지, 어디에 있는지를 나타낼 때, **일반동사**는 동작이나 상태 등을 나타낼 때 써요.

be동사	일반동사
She is a dancer. 그녀는 댄서이다.	She dances well. 그녀는 춤을 잘 춘다.
She is happy. 그녀는 행복하다.	She feels happy. 그녀는 행복하다고 느낀다.
She is in the library. 그녀는 도서관에 있다.	She studies in the library. 그녀는 도서관에서 공부한다.

* be동사는 '~이다, ~(하)다, ~ 있다'라는 세 가지 의미로 쓰이고, 일반동사는 움직임이나 동작, 정신적 활동, 상태를 나타낼 때 써요. 동사는 그 의미에 따라 여러 문장에서 활용된다는 것을 기억하세요.

☑️ 문장을 보고 알맞은 우리말을 고르세요.

❶		It is an apple.	☑️ 그것은 사과이다. ☐ 그것은 사과를 먹는다.
❷		It eats vegetables.	☐ 그것은 야채이다. ☐ 그것은 야채를 먹는다.
❸		I am in a car.	☐ 나는 차이다. ☐ 나는 차에 있다.
❹		They need an umbrella.	☐ 그것들은 우산들이다. ☐ 그들은 우산이 필요하다.

☑️ 우리말에 맞게 알맞은 말을 고르세요.

❶	그것은 축구공이다. It is / plays a soccer ball.	그는 축구를 한다. He is / plays soccer.
❷	나는 학교에 있다. I am / go at school.	나는 학교에 간다. I am / go to school.
❸	그들은 노래를 부른다. They are / sing a song.	그들은 가수이다. They are / sing singers.
❹	그녀는 선생님이다. She is / teaches a teacher.	그녀는 영어를 가르친다. She is / teaches English.

문장 완성하기

주어진 단어를 이용하여 우리말에 맞게 문장을 완성하세요.

1

| is | It ___is___ a rabbit. | 그것은 토끼이다. |
| have | I _____ a rabbit. | 나는 토끼가 있다. |

2

| are | They _____ bears. | 그들은 곰들을 본다. |
| see | They _____ bears. | 그것들은 곰들이다. |

3

| is | She _____ tennis. | 그녀는 테니스를 한다. |
| plays | She _____ a tennis player. | 그녀는 테니스 선수이다. |

4

| is | He _____ in the park. | 그는 공원에 있다. |
| walks | He _____ in the park. | 그는 공원에서 걷는다. |

5

| is | It _____ eggs. | 그것은 달걀들을 먹는다. |
| eats | It _____ an egg. | 그것은 달걀이다. |

✏️ 주어진 단어를 우리말에 맞게 바르게 배열해 쓰세요.

[보기]

그는 학교에 있다.
school, He, at, is ➡ **He is at school.**

➝ at과 장소를 같이 써서 어디에 있는지 표현할 수 있어요.

1 그들은 요리사이다.
are, cooks, They ➡

2 그들은 라면을 요리한다.
cook, ramen, They ➡

3 우리는 우산이 필요하다.
need, We, an umbrella ➡

4 우리는 우산 밑에 있다.
are, We, the umbrella, under ➡

5 그들은 도서관에서 공부한다.
in, They, the library, study ➡

6 그들은 도서관에 있다.
in, They, are, the library ➡

I am a student. I go to school.
나는 학생이다. 나는 학교에 간다.

✏️ 알맞은 우리말을 연결하세요.

1 He drinks coffee. •

2 They are carrots. •

3 She runs in the park. •

• a 그녀는 공원에서 달린다.

• b 그것들은 당근이다.

• c 그는 커피를 마신다.

✏️ 다음 문장을 우리말로 쓰세요.

1 She is a doctor. 의미 _____

2 He helps sick people. 의미 _____

✏️ 주어진 말을 이용하여 우리말에 맞게 쓰세요.

1 나는 수학 선생님이다. (a math, I, teacher, am)

➡️ _____ I am a math teacher. _____

2 그는 수학을 가르친다. (math, teaches, He)

➡️ _____

3 그녀는 요리사이다. (a chef, is, She)

➡️ _____

4 나는 레스토랑에서 일한다. (work, I, the restaurant, at)

➡️ _____

01 그림을 보고 주어진 단어를 이용해 문장을 완성하세요.

1 He _____ math. (teach)

2 She _____ at night. (study)

3 I _____ milk. (not, like)

4 They _____ all day long. (cry)

02 우리말에 맞게 <보기>에서 찾아 올바른 형태로 쓰세요.

보기

| go | do | have |

1 그는 일요일마다 교회에 간다.

➡ He _____ to church on Sundays.

2 톰은 8시에 아침식사를 한다.

→ Tom _____ breakfast at 8.

3 그녀는 방과 후에 그녀의 숙제를 한다.

→ She _____ her homework after school.

03 다음 그림을 보고 질문에 대한 답을 Yes나 No로 쓰세요.

1 Does he have small feet? 그는 작은 발을 가지고 있니?

→ _____

2 Do they live in the city? 그들은 도시에 사니?

→ _____

3 Do you play baseball on Tuesdays?
너는 화요일마다 야구를 하니?

→ _____

4 Does Jenny drink milk in the morning?
제니는 아침에 우유를 마시니?

→ _____

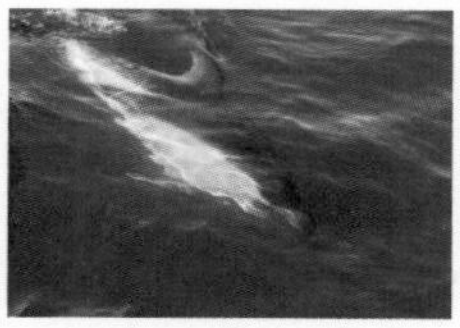

5 Does it swim well? 그것은 수영을 잘하니?

→ _____

6 Do you love your family? 너는 네 가족을 사랑하니?

→ _____

밑줄 친 부분을 어법에 맞게 고쳐 문장을 다시 쓰세요.

1 She don't likes carrots.   그녀는 당근을 좋아하지 않는다.

➡ _____

2 Do eat they chocolate?   그들은 초콜릿을 먹니?

➡ _____

3 Do it jumps high?   그것은 높이 뛰니?

➡ _____

4 They walks to school.   그들은 학교에 걸어간다.

➡ _____

05 우리말에 맞게 빈칸을 채워 대화를 완성하세요.

1 A _____ they _____ the piano? 그들은 피아노를 치니?

    B Yes, they _____. 그래, 맞아.

2 A _____ Sue _____ your phone number?

    수는 네 전화번호를 아니?

    B No, she _____. 아니, 그렇지 않아.

3 A _____ Leo _____ swimming? 레오는 수영하러 가니?

    B _____, he _____. 그래, 맞아.

06 주어진 단어를 이용하여 어법에 맞게 문장을 만든 뒤 지시대로 바꿔 쓰세요.

1 the violin, He, play, every day

➡ (문장) _____

➡ (의문문) _____

➡ (부정문) _____

2 do, after school, His sister, her homework

➡ (문장) _____

➡ (의문문) _____

➡ (부정문) _____

3 jump rope, They, after meal

➡ (문장) _____

➡ (의문문) _____

➡ (부정문) _____

4 have, on Tuesday, Mina, three classes

➡ (문장) _____

➡ (의문문) _____

➡ (부정문) _____

중학 대비 TEST
일반동사

( )학년 ( )반 ( )번 이름 ( )

[1~4] 다음 스케줄 표를 보고 대화를 완성하세요.

	I	Sue	Tom
Mon.	English class	math	science
Thur.	piano	soccer	swimming
Sun.	grandparents	camping	bike

1. (study) A _____ Sue _____ science on Monday?

   B _____, she _____.

2. (go) A _____ Tom _____ swimming on Thursday?

   B _____, he _____.

3. (visit) A _____ Sue _____ her grandparents on Sunday?

   B _____, she _____.

4. (ride) A _____ you _____ a bike on Sunday?

   B _____, I _____.

[5~8] 다음 지문을 읽고 어법상 <u>어색한</u> 부분을 바르게 고쳐 문장을 다시 쓰세요.

> This is my friend, Andy. He lives next door. 5 <u>Andy and I plays soccer in the playground.</u> I love him like my family. And my mom likes him, too. She works at school. 6 <u>She am a teacher.</u> 7 <u>She teachs English.</u>

5. Andy and I plays soccer in the playground.

→ _____

6. She am a teacher. → _____

7. She teachs English. → _____

[8~10] 주어진 말을 이용하여 우리말에 맞게 문장을 완성하세요.

8. 그는 3층에 있다. 그는 3층에서 일한다. (be / work)

He _____ on the 3rd floor. He _____ on the 3rd floor.

9. 그녀는 도서관에서 공부한다. 그녀는 학생이다. (be / study)

She _____ in the library. She _____ a student.

10. 그들은 그들의 개를 산책시킨다. 그들은 공원에 있다. (be / walk)

They _____ their dog. They _____ in the park.

[11~13] <보기>의 단어를 이용하여 주어진 조건에 맞게 우리말을 영작하세요.

【조건】	【보기】
· 보기의 주어진 표현만을 사용할 것	in the morning / get ready for school
· 주어는 **He**로 시작할 것	before lunch / have a snack
· 완전한 문장으로 쓸 것	before bedtime / read a book

11. 그는 아침에 등교 준비를 한다. → _____

12. 그는 점심 전에 간식을 먹는다. → _____

13. 그는 자기 전에 책을 읽는다. → _____

Chapter 4
형용사와 부사

Week 4

Day 01

오늘의 공부   형용사의 변화 1

제 평가는요?
☆☆☆☆☆

월 ☐   일 ☐   시간 ☐

Day 02

오늘의 공부   형용사의 변화 2

제 평가는요?
☆☆☆☆☆

월 ☐   일 ☐   시간 ☐

Day 03

오늘의 공부   부사의 변화 1

제 평가는요?
☆☆☆☆☆

월 ☐   일 ☐   시간 ☐

Day 04

오늘의 공부   부사의 변화 2

제 평가는요?
☆☆☆☆☆

월 ☐   일 ☐   시간 ☐

Day 05

오늘의 공부   단원 TEST / 중학 대비 TEST

제 평가는요?
☆☆☆☆☆

월 ☐   일 ☐   시간 ☐

형용사의 변화 1

The rabbit is cute.
토끼가 귀엽다.

Oh, it looks smart.
오, 똑똑해 보여.

1 형용사

형용사는 명사를 구체적으로 설명하는 것을 말해요. 이를테면 어떻게 생겼는지, 어떤 성질인지 등을 알려 주는 역할을 한답니다.

크기	색깔	외모 / 나이
big 큰 small 작은 tall 키가 큰 short 키가 작은, 짧은	blue 파란색의 red 빨간색의 green 초록색의 yellow 노란색의	cute 귀여운 pretty 예쁜 old 나이 든, 낡은 young 어린
특징	**감정**	**수**
fast 빠른 slow 느린 soft 부드러운 cold 차가운	happy 행복한 sad 슬픈 hungry 배고픈 full 배부른	five 다섯의 six 여섯의 many 많은 a lot of 많은

2 형용사의 변화

형용사의 위치는 변할 수 있어요.

He	is	a tall boy.

그는 키가 큰 소년이다.

He	is	tall.

그는 키가 크다.

명사 앞

It is a small cat. 그것은 작은 고양이이다.

형용사는 명사 앞에서 **명사를** 구체적으로 설명할 때 써요.

형용사 + 명사	I have a **young** dog.
	나는 어린 개가 있다.

It is a **new** bike.	그것은 새 자전거이다.
She has **red** hair.	그녀는 빨간 머리이다.
He sings a **beautiful** song.	그는 아름다운 노래를 부른다.

동사 뒤

It is cute. 그것은 귀엽다.

형용사는 be동사 뒤에서 **주어를** 구체적으로 설명할 때 써요.

주어 + be동사 + 형용사	My dog is **young**.
	내 개는 어리다.

It is **old**.	그것은 낡았다.
She is **smart**.	그녀는 똑똑하다.
He is **happy**.	그는 행복하다.

☑ 다음 문장에서 밑줄 친 단어 중 형용사를 고르세요.

1 The cute girl is Mia.
ⓐ   ⓑ   ⓒ
☑ⓐ   ☐ⓑ   ☐ⓒ

2 It is a big elephant.
ⓐ   ⓑ   ⓒ
☐ⓐ   ☐ⓑ   ☐ⓒ

3 She is a good teacher.
ⓐ   ⓑ   ⓒ
☐ⓐ   ☐ⓑ   ☐ⓒ

4 The good player is smart.
ⓐ   ⓑ   ⓒ
☐ⓐ   ☐ⓑ   ☐ⓒ

5 They are poor singers.
ⓐ   ⓑ   ⓒ
☐ⓐ   ☐ⓑ   ☐ⓒ

☑ 주어진 형용사가 문장에 들어갈 알맞은 위치를 고르세요.

1 new   It ☐ is a ☐ car.

2 old   The bikes ☐ are ☐.

3 slow   A turtle ☐ is a ☐ animal.

4 noisy   They ☐ are ☐ birds.

5 fast   The runners ☐ are very ☐.

Practice B 문장 완성하기

✏️ 주어진 단어를 이용하여 우리말에 맞게 문장을 완성하세요.

1 new

The books are new. 그 책들은 새 것이다.

They are new books . 그것들은 새 책이다.

2 old

The sofa is old. 그 소파는 낡았다.

It is an _____. 그것은 오래된 소파이다.

3 tall

The man is tall. 그 남자는 키가 크다.

He is a _____. 그는 키가 큰 남자이다.

4 delicious

The bread is delicious. 그 빵은 맛있다.

It is a _____. 그것은 맛있는 빵이다.

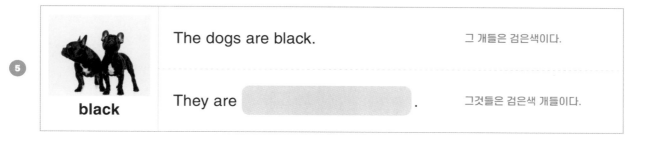

5 black

The dogs are black. 그 개들은 검은색이다.

They are _____. 그것들은 검은색 개들이다.

주어진 단어를 우리말에 맞게 바르게 배열해 쓰세요.

[보기]

그것들은 푸른 눈이다.
are, blue, They, eyes → They are **blue** **eyes**.

blue가 명사 eyes를 꾸며 주는 위치에 주의하세요.

1. 그는 느린 주자이다.
is, a, He, runner, slow →

2. 미아는 훌륭한 가수이다.
Mia, a, good, is, singer →

3. 그것은 하얀 고양이이다.
is, white, a, It, cat →

4. 그 학생들은 똑똑하다.
The students, smart, are →

5. 그 키가 큰 소년들은 내 학생들이다.
my students, are, The, boys, tall →

6. 그녀는 행복한 소녀이다.
a, She, girl, is, happy →

It is small.　그것은 작다.

🖊 알맞은 우리말을 연결하세요.

1 It is a new car.　　　　●————————●　**a** 그것은 새 차이다.

2 The bread is delicious.　　●　　　　　　●　**b** 그녀는 똑똑한 소녀이다.

3 She is a smart girl.　　　　●　　　　　　●　**c** 그 빵은 맛있다.

🖊 다음 문장을 우리말로 쓰세요.

1 He is a good student.　　　　의미 _____

2 They are black cats.　　　　의미 _____

🖊 주어진 말을 이용하여 우리말에 맞게 쓰세요.

1 나는 형편없는 가수이다. (poor, I, a, am, singer)

➡ _____I am a poor singer._____

2 그 아이스크림은 맛있다. (The ice cream, delicious, is)

➡ _____

3 그녀는 푸른 눈이다. (has, eyes, She, blue)

➡ _____

4 그것들은 큰 달걀들이다. (eggs, They, big, are)

➡ _____

Day 02 형용사의 변화 2

혼공쌤
그림으로 기초 이해

[Today's 혼공]
오늘 함께 배울
내용은 바로
수량 형용사예요.
수량 형용사의 특징과
어떻게 사용하는지
배워볼 거예요.

How is the weather in
winter?
겨울 날씨는 어때?

We don't have
much snow.
눈이 많이 오지 않아.

1 수량 형용사

명사의 개수, 양 등을 나타낼 때 쓰는 말을 수량 형용사라고 해요. 명사를 셀 수 있는지, 없는지에
따라 쓰는 수량 형용사가 다르다는 점에 유의해야 해요.

수

many

많은 사과

a few

조금 있는 사과

few

거의 없는 사과

양

much

많은 잼

a little

조금 있는 잼

little

거의 없는 잼

2 형용사의 변화

수량 형용사는 명사에 따라 다르게 써야 해요.

Do you have	many coins?

너는 **많은** 동전들이 있니?

Do you have	much money?

너는 **많은** 돈이 있니?

량 형용사 변화

There isn't much time.
시간이 많지 않다.

사람이나 사물의 많고 적음을 나타내는 수량 형용사는 명사를 셀 수 있는지 없는지에 따라 다르게 써요.

	많은		약간의	조금 있는	거의 없는
셀 수 있는 명사	many	a lot of, lots of	some, any	a few	few
셀 수 없는 명사	much			a little	little

A few <u>people</u> come. (몇몇이 온다) **Few** <u>people</u> come. (거의 오지 않는다)
I drink **a little** <u>coke</u>. (조금 마신다) I drink **little** <u>coke</u>. (거의 마시지 않는다)

* 셀 수 있는 명사, 셀 수 없는 명사와 각각 어울리는 수량 형용사를 살펴봐요.

① 셀 수 있는 명사의 수량 형용사

There are	many	candies.	나는 사탕이 **많이** 있다.
	a few		나는 사탕이 **조금** 있다.
	few		나는 사탕이 **거의 없다**.

② 셀 수 없는 명사의 수량 형용사

There is not	much	jam.	잼이 **많이** 없다.
There is	a little		잼이 **조금** 있다.
	little		잼이 **거의 없다**.

* a lot of(많은), some(약간)은 모든 명사에 사용 가능해요.

I have a lot of (cookies / water).

☑ 알맞은 수량 형용사를 고르세요.

1 many / (much) money

2 many / much boxes

3 many / much milk

4 many / much children

5 many / much sugar

6 many / much chairs

7 many / much juice

8 many / much oranges

9 many / much questions

10 many / much cheese

☑ 알맞은 수량 형용사를 고르세요.

1 a few / a little friends

2 few / little flour

3 a few / a little salt

4 few / little trees

5 a few / a little butter

6 few / little air

7 a few / a little cars

8 few / little friends

9 a few / a little bags

10 few / little oil

문장 완성하기

✏️ 주어진 단어 중 알맞은 것을 골라 우리말에 맞게 문장을 완성하세요.

1

few	little

I have *a lot of* friends.   나는 친구가 많이 있다.

much	a lot of

He has _____ friends.   그는 친구가 거의 없다.

2

a few	a little

I need _____ milk.   나는 우유가 조금 필요하다.

many	much

They don't need _____ milk.   그들은 우유가 많이 필요 없다.

3

few	little

It drinks _____ water.   그것은 물을 많이 마신다.

many	a lot of

They drink _____ water.   그들은 물을 거의 마시지 않는다.

4

few	little

We have _____ questions.   우리는 많은 질문이 있다.

many	some

He has _____ questions.   그는 질문이 거의 없다.

5

few	little

There are _____ chairs.   의자가 많이 있다.

many	much

There isn't _____ juice.   주스가 많이 없다.

✏️ 밑줄 친 부분을 주어진 수량 형용사 중 하나를 골라 어법에 맞게 고쳐 쓰세요.

[보기]

| There is **many** water. ➡️ | There is | *a lot of* | water. |

water는 셀 수 없는 명사이므로 many를 a lot of로 고쳐 써요.

---

1 There is <u>a few</u> juice in the glass. ➡️

☐ a little ☐ few

컵에 주스가 약간 있다.

---

2 There are <u>much</u> trees in the park. ➡️

☐ a few ☐ many

공원에 많은 나무들이 있다.

---

3 There are <u>little</u> books in the bag. ➡️

☐ a lot of ☐ few

가방에 책이 거의 없다.

---

4 There isn't <u>many</u> sugar in the jar. ➡️

☐ much ☐ some

단지에 설탕이 많이 없다.

---

5 There are <u>a little</u> children in the playground. ➡️

☐ some ☐ lots of

운동장에 아이들이 몇 명 있다.

---

6 There is <u>few</u> milk in the fridge. ➡️

☐ much ☐ little

냉장고에 우유가 거의 없다.

There is a lot of sugar.

설탕이 많이 있다.

✏️ 알맞은 우리말을 연결하세요.

① He has a few friends. •

② There isn't much jam. •

③ She needs a few eggs. •

• ⓐ 그녀는 달걀이 몇 개 필요하다.

• ⓑ 잼이 많이 없다.

• ⓒ 그는 친구들이 몇 명 있다.

✏️ 다음 문장을 우리말로 쓰세요.

① There is little salt in the soup. 의미 _____

② There are many books in the library. 의미 _____

✏️ 주어진 말을 이용하여 우리말에 맞게 쓰세요.

① 나는 시간이 많지 않다. (time, have, I, don't, much)

→ _____I don't have much time._____

② 그는 많은 돈이 필요 없다. (need, money, He, much, doesn't)

→ _____

③ 이 수업에 너무 많은 소음이 있다. (There is, noise, too much)

→ _____ in this class.

④ 콘서트에 너무 많은 사람들이 있다. (too many, There are, people)

→ _____ at the concert.

Day 03 부사의 변화 1

혼공쌤
그림으로 기초 이해

[Today's 혼공]
부사는 이름 자체가 어렵게 느껴지죠? 부사의 특징과 어떻게 쓰는지를 배워볼 거예요.

She runs fast.
그녀는 빨리 달려.

She is a fast runner.
그녀는 빠른 주자구나.

1 부사

'빠르게, 느리게, 매우'처럼 동사, 형용사 등을 꾸며서 구체적으로 설명해 주는 말을 부사라고 해요.

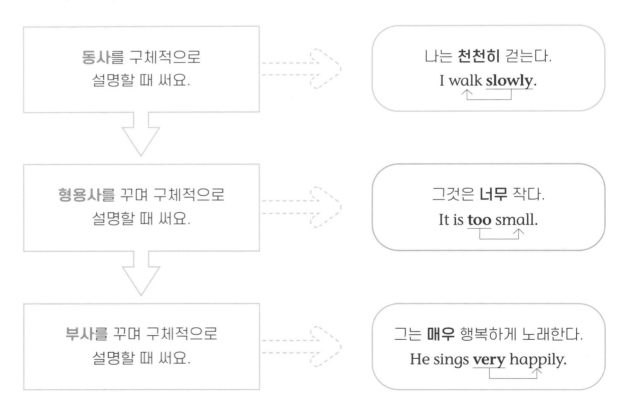

동사를 구체적으로 설명할 때 써요.

나는 **천천히** 걷는다.
I walk **slowly**.

형용사를 꾸며 구체적으로 설명할 때 써요.

그것은 **너무** 작다.
It is **too** small.

부사를 꾸며 구체적으로 설명할 때 써요.

그는 **매우** 행복하게 노래한다.
He sings **very** happily.

2 부사의 변화

부사는 보통 단어의 형태로 알아낼 수 있어요.

He	is	happy.

그는 **행복하다**.

He	smiles	happily.

그는 **행복하게** 미소 짓는다.

사 변화 ① It moves slowly. 그것은 느리게 움직인다.

부사는 <형용사 + ly>로 '~하게'라고 해석해요.
단, 형용사가 e로 끝나면 e를 빼고 <형용사 + ly>로 쓰고, y로 끝나면 y를 빼고 <형용사 + ily>로 써요.

quick – quickly 빠른 – 빠르게	loud – loudly 시끄러운, 큰 – 시끄럽게, 크게
beautiful – beautifully 아름다운 – 아름답게	careful – carefully 조심스러운 – 조심스럽게
easy – easily 쉬운 – 쉽게	happy – happily 행복한 – 행복하게

She is sad. 그녀는 슬프다.　　　　She cries sadly. 그녀는 슬프게 운다.

＊ lovely(사랑스러운), friendly(다정한, 친숙한)는 형용사예요. 단어 끝에 ly가 있다고 모두 부사는 아니니 유의하세요.

사 변화 ② It moves fast. 그것은 빨리 움직인다.

부사가 형용사와 모양이 같은 경우도 있어요.

fast(빠른) – fast(빠르게)	late(늦은) – late(늦게)
high(높은) – high(높게)	hard(열심인) – hard(열심히)
early(이른) – early(일찍)	long(긴) – long(오래)

형용사 She is late for school. 그녀는 학교에 늦는다.
부사 She comes late. 그녀는 늦게 온다.

☑️ 다음 문장에서 부사를 고르세요.

❶	The student sings happily.	☐ student	☑️ happily
❷	Snails move slowly.	☐ move	☐ slowly
❸	She speaks loudly.	☐ speaks	☐ loudly
❹	We are very smart.	☐ very	☐ smart
❺	Mark drives a car carefully.	☐ carefully	☐ car

☑️ 다음 밑줄 친 단어의 의미를 고르세요.

❶ He can swim fast.

☐ 빠른 ☐ 빠르게

❷ We have a fast dog.

☐ 빠른 ☐ 빠르게

❸ It has high walls.

☐ 높은 ☐ 높게

❹ It flies high in the sky.

☐ 높은 ☐ 높게

❺ The student studies hard.

☐ 열심인 ☐ 열심히

❻ She is a hard worker.

☐ 열심인 ☐ 열심히

Practice B   문장 완성하기

✏️ 주어진 단어를 이용하여 우리말에 맞게 문장을 완성하세요.

1

| slow | They are **slow** runners. | 그들은 느린 주자들이다. |
| slowly | They run _____. | 그들은 느리게 달린다. |

2

| good | He plays soccer _____. | 그는 축구를 잘 한다. |
| well | He is a _____ soccer player. | 그는 좋은 축구 선수이다. |

3

| loud | She is a _____ singer. | 그녀는 시끄러운 가수이다. |
| loudly | She sings _____. | 그녀는 시끄럽게 노래한다. |

4

| happy | I am _____. | 나는 행복하다. |
| happily | I work _____. | 나는 행복하게 일한다. |

5

| poor | We are _____ dancers. | 우리는 형편 없는 댄서이다. |
| poorly | We dance _____. | 우리는 형편 없이 춤춘다. |

✏️ 밑줄 친 부분을 어법에 맞게 고친 뒤 문장을 다시 쓰세요.

[보기]

She doesn't sleep <u>lately</u>. → She doesn't sleep | *late* |.

부사에 주의하여 문장을 고쳐 쓰세요. ⟵

① They move <u>fastly</u>. →

그들은 빠르게 움직인다.

② He sings <u>beautiful</u>. →

그는 아름답게 노래한다.

③ She gets up <u>earlily</u>. →

그녀는 일찍 일어난다.

④ I study <u>hardly</u> every day. →

나는 매일 열심히 공부한다.

⑤ We dance very <u>good</u>. →

우리는 아주 잘 춤춘다.

⑥ They laugh <u>happy</u>. →

그들은 행복하게 웃는다.

It moves slowly.

그것은 느리게 움직인다.

🖊 알맞은 우리말을 연결하세요.

① We swim fast. • • ⓐ 그는 높게 뛸 수 있다.

② He can jump high. • • ⓑ 우리는 빨리 수영한다.

③ I can't understand easily. • • ⓒ 나는 쉽게 이해할 수 없다.

🖊 다음 문장을 우리말로 쓰세요.

① He cries sadly. 의미 _____

② They study hard. 의미 _____

🖊 주어진 단어를 이용하여 우리말에 맞게 쓰세요.

① 그는 느리게 걷는다. (slowly, He, walks)

➡ _____He walks slowly._____

② 그들은 행복하게 일한다. (happily, They, work)

➡ _____

③ 그녀는 크게 말한다. (speaks, She, loudly)

➡ _____

④ 그들은 조심스럽게 상자들을 옮긴다. (carry, They, boxes, carefully)

➡ _____

부사의 변화 2

혼공쌤
그림으로 기초 이해

[Today's 혼공]
오늘은 지난번에 이어 부사의 종류를 살펴보고, 특히 빈도부사에 대해 배워볼 거예요.

> **How often do you jump rope?**
> 너는 얼마나 자주 줄넘기를 해?

> **I usually do twice a week.**
> 나는 보통 한 주에 두 번을 하지.

1 부사의 종류

앞에서 부사가 어떤 역할을 하는지를 배웠다면 이번에는 부사의 의미별로 시간, 장소, 정도, 빈도 등을 살펴봐요.

의미	예		
시간, 때	today 오늘 ago ~ 전에	yesterday 어제 before 전에	now 지금 soon 곧
장소	here 여기에 outside 밖에	there 거기에 near 가까이에	inside 안에 far 멀리
정도	very 매우 too 너무	so 아주 well 잘	enough 충분히
빈도	always 항상 sometimes 때때로	usually 보통 never 절대 ~않는	often 종종

* 부사(very)가 다른 부사(well)를 꾸며주기도 해요.

She speaks English **very well**. 그녀는 영어를 매우 잘 말한다.

2 부사의 변화

부사가 빈도를 나타낼 때는 **동사의 종류에 따라 위치**가 바뀌어요.

I	am often	busy.

나는 **종종** 바쁘다.

I	often work	at night.

나는 **종종** 밤에 일한다.

사 변화

He is always tired. 그는 늘 피곤하다.

부사 중에 얼마나 자주 어떤 것을 하는지 나타내는 **빈도부사**가 있어요.
빈도에 따라 다음과 같이 써요.

빈도부사의 종류		
100%	always	She **always** walks to school. 그녀는 항상 학교에 걸어간다.
90%	usually	She **usually** drives to school. 그녀는 보통 학교에 운전해서 간다.
70%	often	She **often** runs to school. 그녀는 종종 학교에 뛰어간다.
50%	sometimes	She **sometimes** eats out. 그녀는 때때로 외식을 한다.
0%	never	She **never** goes to school. 그녀는 절대 학교에 가지 않는다.

* 빈도부사는 be동사 뒤에, 일반동사 앞에 와요.

be동사 뒤에 빈도부사가 와요.	She is always late for school. 그녀는 항상 학교에 늦는다.

일반동사 앞에 빈도부사가 와요.	He usually plays outside. 그는 보통 밖에서 논다.

Practice A 알맞은 말 고르기

☑ 주어진 우리말을 보고 빈칸에 들어갈 알맞은 부사를 고르세요.

1 I _____ watch TV at 8. (항상) ☑ always ☐ usually

2 They _____ have breakfast. (종종) ☐ often ☐ never

3 She is _____ late for school. (보통) ☐ usually ☐ sometimes

4 My sister _____ washes dishes. (때때로) ☐ often ☐ sometimes

5 Tom _____ goes to church. (절대 ~않는) ☐ always ☐ never

☑ 빈칸에 들어갈 어법에 맞는 말을 고르세요.

1 The baby _____ happy. ☐ is always ☐ always is

2 They _____ hard. ☐ work usually ☐ usually work

3 She _____ at home. ☐ is often ☐ often is

4 I _____ noodles for dinner. ☐ have never ☐ never have

5 My mom _____ kimchi. ☐ makes sometimes ☐ sometimes makes

✏️ 표를 보고 미아가 얼마나 자주 어떤 일을 하는지 우리말에 맞게 문장을 완성하세요.

	Mon.	Tue.	Wed.	Thur.	Fri.	Sat.	Sun.
eat breakfast	O	O	O	O	O	O	O
walk to school	O	O		O	O		
go to the library	O			O			
clean her room							
play tennis							
jump rope		O					O
get up at 6		O		O	O		

1. Mia ___always eats___ breakfast.   미아는 항상 아침을 먹는다.

2. Mia _____ to school.   미아는 보통 걸어서 학교에 간다.

3. Mia _____ to the library.   미아는 때때로 도서관에 간다.

4. Mia _____ her room.   미아는 절대 방을 청소하지 않는다.

5. Mia _____ tennis.   미아는 절대 테니스를 하지 않는다.

6. Mia _____ rope.   미아는 때때로 줄넘기를 한다.

7. Mia _____ at 6.   미아는 종종 6시에 일어난다.

Sentences 문장 고쳐 쓰기

밑줄 친 부분을 어법에 맞게 고친 뒤 문장을 다시 쓰세요.

[보기]

They are <u>good really</u>. → They are | *really good* |.

부사의 위치에 주의해서 쓰세요.

1 Tom <u>eats sometimes</u> dessert. →

톰은 때때로 디저트를 먹는다.

2 He <u>always is</u> angry. →

그는 항상 화가 나 있다.

3 She <u>never is</u> silent. →

그녀는 절대 조용하지 않다.

4 She dances <u>well very</u>. →

그녀는 춤을 아주 잘 춘다.

5 They <u>never are</u> late for school. →

그들은 절대 학교에 지각하지 않는다.

6 You <u>come often</u> late. →

너는 종종 늦게 온다.

He is always happy.

그는 항상 행복하다.

✏️ 알맞은 우리말을 연결하세요.

❶ My dad is often busy. •

❷ She always gets up early. •

❸ He is never late for work. •

• ⓐ 그는 절대 일터에 늦지 않는다.

• ⓑ 그녀는 항상 일찍 일어난다.

• ⓒ 우리 아빠는 종종 바쁘다.

✏️ 다음 문장을 우리말로 쓰세요.

❶ They sometimes play soccer.　의미 _____

❷ I usually ride a bike.　의미 _____

✏️ 주어진 단어를 이용하여 우리말에 맞게 쓰세요.

❶ 나는 종종 고양이 사진을 찍는다. (take pictures of cats, I, often)

➡️ *I often take pictures of cats.*

❷ 내 남동생은 항상 집에 있다. (is, at home, always, My brother)

➡️ _____

❸ 아이들은 보통 밤에 운다. (Children, usually, at night, cry)

➡️ _____

❹ 그는 절대 낮잠을 자지 않는다. (never, He, takes a nap)

➡️ _____

단원 TEST
형용사와 부사

01 주어진 단어를 이용해 우리말에 맞게 문장을 완성하세요.

1 (new)   I have a bag.

➡ I have _____.
나는 새 가방이 있다.

2 (heavy)   They are boxes.

➡ They are _____.
그것들은 무거운 상자들이다.

3 (red)   She lives in a house.

➡ She lives in _____.
그녀는 빨간색 집에 산다.

4 (good)   Kate is a player.

➡ Kate is _____.
케이트는 좋은 선수이다.

02 우리말에 맞게 <보기>에서 단어를 찾아 올바른 형태로 고쳐 쓰세요.

> **보기**
>
> early   slow   sad   happy

1 달팽이는 천천히 움직인다.

➡ Snails move _____.

2 톰은 하루 종일 슬프게 운다.

➡ Tom cries _____ all day long.

3 그들은 행복하게 노래를 한다.

➡ They sing a song _____.

4 그는 아침 일찍 일어난다.

➡ He gets up _____ in the morning.

03 다음 그림을 보고, 의미가 같도록 알맞은 말을 쓰세요.

1 He is a poor dancer. 그는 형편 없는 댄서이다.
= He dances _____.

2 I am a fast runner. 나는 빠른 주자이다.
= I run _____.

3 She is a loud speaker. 그녀는 소리가 큰 연설자이다.
= She speaks _____.

4 My sister is a good pianist. 내 여동생은 훌륭한 피아니스트이다.
= My sister plays the piano _____.

5 He is a slow walker. 그는 걸음이 느리다.
= He walks _____.

6 The birds are noisy. 새들이 시끄럽다.
= The birds sing _____.

밑줄 친 부분을 어법에 맞게 고쳐 문장을 다시 쓰세요.

1 They <u>eat usually</u> breakfast at 7.

그들은 보통 7시에 아침을 먹는다.

→ _____

2 Tom <u>never is</u> late for school.

톰은 절대 학교에 늦지 않는다.

→ _____

3 The eagle flies very <u>highly</u>.

독수리가 매우 높게 난다.

→ _____

4 We are <u>busily</u> every Tuesday.

우리는 화요일마다 바쁘다.

→ _____

주어진 단어를 바르게 배열하고 우리말을 쓰세요.

1 (has, beautiful, She, eyes)

→ (문장) _____

→ (우리말) _____

2 (is, a, Mina, girl, lovely, very)

→ (문장) _____

→ (우리말) _____

3 (often, Wendy, to school, walks)

→ (문장) _____

→ (우리말) _____

다음 그림을 보고 대화에서 밑줄 친 부분을 고쳐 쓰세요.

1

A My sister paints very <u>good</u>.

B I really like the colors.

_____ ➡ _____

2

A Do you have <u>much</u> books?

B No. But I have some fun books.

_____ ➡ _____

3

A Do you know Anna?

B Yes. She is a <u>friend</u> person.

_____ ➡ _____

4

A Look at the dogs. They <u>always are</u> cute.

B That's right.

_____ ➡ _____

[1~4] 다음 대화를 읽고 어색한 부분을 찾아 바르게 고쳐 쓰세요.

1. **A** Hi, Ken. Do you speak Korean?
   B Yes. Just a few.
   _____ → _____

2. **A** How many milk is there in the bottle?
   B There is little milk.
   _____ → _____

3. **A** How's the weather in winter?
   B It's very cold. But we don't have
   many snow here.
   _____ → _____

4. **A** Is that animal a giraffe?
   B Yes. It has a neck long.
   _____ → _____

[5~8] 지문을 읽고 어법상 <u>어색한</u> 부분을 바르게 고쳐 문장을 다시 쓰세요.

---

5 <u>Kate is a student busy.</u> She gets up early. 6 <u>She goes usually to school at 8.</u> She sometimes rides a bike to school. 7 <u>She rides a bike careful.</u> She never rides fast. 8 <u>She studies hardly at school.</u> She is very diligent.

---

5. Kate is a student busy. → _____

6. She goes usually to school at 8. → _____

7. She rides a bike careful. → _____

8. She studies hardly at school. → _____

[9~11] 다음 대화를 읽고 질문에 답하세요.

> **A** How do you go to school?
>
> **B** **9** I go to school by bike. (usually) And I sometimes take a bus.
>
> But I ___ⓐ 절대 ~않다___ take a subway.
>
> **A** What do you do after school?
>
> **B** I always play soccer. **10** I'm a soccer player. (good)
>
> **A** Oh, you play soccer ___ⓑ 잘, 제대로___ .

[9~10] 괄호 안에 주어진 말을 넣어 문장을 다시 쓰세요.

9. _____

10. _____

11. 빈칸 ⓐ, ⓑ에 들어갈 알맞은 부사를 쓰세요.

ⓐ _____ ⓑ _____

[12~13] <보기>의 단어를 이용하여 주어진 조건에 맞게 우리말을 영작하세요.

【조건】	【보기】
· 보기의 단어를 사용할 것	easy easily
· 관사를 제외하고 4단어 이하를 사용할 것	solve is
· 우리말에 주의할 것	

12. 수학 문제는 쉽다.

→ The math problem _____ .

13. 나는 수학 문제들을 쉽게 푼다.

→ I _____ .

혼공 초등 영문법 트레이닝

트레이닝

Book 1
정답과 해설

쪽수를 잘 보고 정확한 정답과 해설을 확인해 보세요!

Week 1 명사와 대명사

Day 01 명사의 변화

① an apple ② a dog ③ a car
④ an umbrella

① a toy ② onions ③ books
④ an ant ⑤ doctors

① a rabbit / rabbits
② cats / a cat
③ an egg / eggs
④ a book / books
⑤ oranges / an orange

① I am a student.
② He needs an umbrella.
③ She has five caps.
④ They see three students.
⑤ I eat two apples.
⑥ We have a toy car.

① (c)
② (b)
③ (a)

① 그는 컵이 필요하다.
② 너는 연필 네 개가 있다.

① I have two cats.
② It is an umbrella.
③ She eats eggs
④ I need an onion.

Day 02 셀 수 있는 명사의 변화

① ○ ② X ③ ○
④ ○ ⑤ ○ ⑥ X
⑦ ○ ⑧ X ⑨ ○
⑩ ○

① toys ② fish ③ mice
④ leaves ⑤ parties ⑥ women
⑦ dishes ⑧ deer ⑨ teeth
⑩ flies

① cats / boxes
② Apples / Lemons
③ Children / Leaves
④ feet / hands
⑤ deer / men

① They are dishes.
② They are flies.
③ She cleans up leaves.
④ The boxes are big.
⑤ The stories are fun.
⑥ I have toys in my bag.

① (c)
② (b)
③ (a)

① 그것들은 버스들이다.
② 쥐들은 작다.

① They are boxes.
② children play games
③ teeth hurt
④ Mice like cheese.

Day 03 셀 수 없는 명사의 특징

① 셀 수 없는 명사 ② 셀 수 없는 명사 ③ 셀 수 있는 명사
④ 셀 수 없는 명사 ⑤ 셀 수 있는 명사 ⑥ 셀 수 없는 명사

① X ② ○ ③ X ④ ○ ⑤ ○
⑥ X ⑦ X ⑧ X ⑨ ○ ⑩ X

Practice B p.27

① butter / water
② a burger / money
③ Sugar / Apples
④ sand / cheese
⑤ milk / an orange

Sentences p.28

① It is coffee.
② I want juice.
③ She drinks tea.
④ Snow is cold.
⑤ I live in Paris.
⑥ I like tennis.

문장 쓰기 p.29

① (c)
② (a)
③ (b)

① 그는 종이가 필요하다.
② 야구는 재미있다.

① I have money.
② He likes bread.
③ She needs a car.
④ They study math.

Day 04 대명사의 변화

Practice A p.32

① he	② you	③ she
④ he	⑤ he	⑥ they
⑦ she	⑧ she	⑨ we
⑩ they		

| ① It | ② They | ③ She |
| ④ It | ⑤ She | |

【해석】
① 나는 토끼 한 마리가 있다. 그것은 귀엽다.
② 내 여동생들은 학생이다. 그들은 똑똑하다.
③ 미아는 집에 있다. 그녀는 아프다.
④ 나는 주스를 좋아한다. 그것은 맛있다.
⑤ 우리 엄마는 학교에서 일한다. 그녀는 선생님이다.

Practice B p.33

① It / They
② He / She
③ She / They
④ We / They
⑤ You / They

Sentences p.34

① We are at school.
② She is my little sister.
③ They are smart.
④ He likes soccer.
⑤ They are green.
⑥ You are kind.

문장 쓰기 p.35

① (c)
② (a)
③ (b)

① 그들은 내 친구들이다.
② 그것은 빨갛다.

① I have a cat.
② We are sick.
③ They are cute.
④ It is lovely.

Day 05 단원 TEST .... pp.36~39

01
① a, table
② a, chair
③ a, dog
④ five, books

【해석】
① 나는 탁자를 본다.
② 나는 의자를 본다.
③ 나는 탁자 아래에 개를 본다.
④ 나는 탁자 위에 책 다섯 권을 본다.

02
① salt
② a brother
③ potatoes

03

① feet　　　② Sugar

③ Cats　　　④ tennis

⑤ Flour　　　⑥ bread

04

① They like carrots.

② He is a student.

③ She eats breakfast at 8.

④ We are friends.

05

① They

② She

③ I

06

① child → children

② a tomato → tomatoes

③ a water → water

④ rabbit → a rabbit

【해석】

① A: 그 아이들은 귀엽다.

　B: 맞아.

② A: 그것들은 토마토들이니?

　B: 응, 그래. 그것들은 맛있어.

③ A: 너는 물이 필요하니?

　B: 아니. 나는 우유가 필요해.

④ A: 맞혀 봐. 그것은 큰 귀를 갖고 있어. 무엇일까?

　B: 그것은 토끼야.

중학 대비 TEST ·································· pp.40~41

1. pencil → a pencil

2. a sugar → sugar

3. he → it

4. boxs → boxes

5. My mom is an engineer.

6. She has long hair.

7. He teaches math.

8. It loves fish.

9. iguanas, sheep

10. baseball, It

11. bread, milk

12. I have five children.

13. I have three beds

【해석】

1. A: 너는 연필이 있니?

　B: 응. 여기 있어.

　풀이 셀 수 있는 명사 pencil은 a pencil로 써야 해요.

2. A: 제가 도와드릴까요?

　B: 저는 설탕을 찾고 있어요.

3. A: 테디 베어는 작니?

　B: 아니, 그렇지 않아.

　풀이 the teddy bear를 대신하는 대명사는 it이에요.

4. A: 나는 상자 두 개가 필요해.

　B: 여기 있어.

5~8.

　안녕, 내 이름은 샘이다. 나는 엄마와 아빠와 산다. 내 엄마는 기술자이다. 그녀는 긴 머리이다. 내 아빠는 선생님이다. 그는 수학을 가르친다. 그리고 우리는 고양이 피트가 있다. 그것은 물고기를 좋아한다.

5. **풀이** engineer은 모음으로 시작하는 명사이므로 an을 써야 해요.

9. 나는 이구아나 두 마리와 양 세 마리가 있다.

10. 나는 야구를 좋아한다. 그것은 재미있다.

　풀이 운동은 셀 수 없는 명사라서 a(n)를 쓰지 않아요.

11. 나는 아침으로 빵을 먹고 우유를 마신다.

12. **풀이** child의 복수형은 children으로 불규칙하게 변화하는 명사예요.

Week 2 be동사

Day 01 be동사의 변화

Practice A ······························ p.46

① I – am　　② He – is　　③ We – are

④ She – is　　⑤ They – are　　⑥ You – are

① I　　　　② She　　　③ You

④ It

Practice B ······························ p.47

① I am

② You are

③ We are

④ They are

⑤ He is

⑥ She is
⑦ They are
⑧ You are

Sentences p.48

① are happy
② are classmates
③ am at home
④ are twins
⑤ is a genius
⑥ is in the library

문장 쓰기 p.49

① (b)　　　② (c)　　　③ (a)

① 그녀는 가수이다.
② 그들은 학생들이다.

① I am a scientist.
② He is very smart.
③ She is at school.
④ They are frogs.

Day 02 be동사의 세 가지 의미

Practice A p.52

① 이다　　　② 있다　　　③ 이다
④ 있다　　　⑤ (하)다

① in the box
② a soccer player
③ in the park
④ in the 5th grade
⑤ my dog

Practice B p.53

① is my brother
② am at school
③ is a cat
④ are on the desk
⑤ are my family

Sentences p.54

① They are my classmates.
② They are small and cute.

③ We are on the soccer team.
④ He is a soccer player.
⑤ You are in the 4th grade.
⑥ It is in the car.

문장 쓰기 p.55

① (a)
② (c)
③ (b)

① 그는 똑똑하고 친절하다.
② 그들은 공원에 있다.

① I am on the tennis team.
② He is tall.
③ She is at school.
④ It is fresh and delicious.

Day 03 be동사의 부정문 / 의문문

Practice A p.58

① am not　　② is not　　③ are not
④ is not　　⑤ are not

【해석】
① 나는 수영선수가 아니다.
② 그녀는 콘서트에 없다.
③ 그것들은 곰들이 아니다.
④ 그는 화장실에 없다.
⑤ 우리는 배가 고프지 않다.

① Are you　　② Is he　　③ Are they
④ Are we　　⑤ Is she

【해석】
① 너는 소방관이니?
② 그는 공항에 있니?
③ 그들은 좋은 학생들이니?
④ 우리는 부엌에 있니?
⑤ 그녀는 화가니?

Practice B p.59

① I am not a nurse.
　 Am I a nurse?
② He is not handsome.
　 Is he handsome?

③ They are not my classmates.
　Are they my classmates?
④ She is not in my class.
　Is she in my class?
⑤ They are not on my team.
　Are they on my team?
⑥ It is not delicious.
　Is it delicious?

① am a writer
　is not a writer
② She is fun.
　Are they fun?
③ He is in the library.
　We are not in the library.
④ You are a doctor.
　Are you a doctor?
⑤ They are at the concert.
　We are not at the concert.

① (b)
② (a)
③ (c)

① 그는 배고프지 않다.
② 그들은 부엌에 있니?

① She is not(=isn't) at the bus stop.
② Is he in the 5ᵗʰ grade?
③ Are they busy?
④ I am not a farmer.

Day 04 be동사의 활용

① a toy / toys　　　② a firefighter / firefighters
③ a nurse / nurses　④ a fly / flies

① a dog　　　② cars
③ children　　④ a carrot
⑤ is　　　　　⑥ are
⑦ are　　　　⑧ is
⑨ a bird　　　⑩ are

① is a rabbit / are rabbits
② is a cat / are two cats
③ is an egg / are eggs
④ is a book / are two books
⑤ is an orange / are oranges

① They are bears.
② They are dishes.
③ It is a watch.
④ There are balls on the floor.
⑤ There is a table in the kitchen.
⑥ There are flowers in the garden.

① (b)
② (c)
③ (a)

① 가방에 책들이 있다.
② 그들은 의사들이다.

① There are two cats
② There is an apple
③ There are three rooms
④ There is a doll

Day 05 단원 TEST

01
① She is a chef.
② I am 11 years old.
③ We are good friends.
④ They are at school.
【해석】
① 그녀는 요리사이다.
② 나는 11살이다.
③ 우리는 좋은 친구들이다.
④ 그들은 학교에 있다.

02
① am a scientist
② is smart
③ is on the soccer team
④ are in the 4ᵗʰ grade

03

① Are they at the concert?

② We are not busy.

③ Is he in the car?

④ She is not in the 2nd grade.

⑤ Are you a soccer player?

04

① They are carrots.

② It is a bird.

③ There are two students in the class.

④ There is a pencil in my bag.

05

① They are

② She is not

③ He is

06

① the kitchen → in the kitchen

② Is it → Are they

③ They are → She is

④ There is → There are

【해석】

① A: 올리비아는 어디에 있니?

　B: 그녀는 부엌에 있어.

② A: 그것들은 토마토이니?

　B: 응, 그래. 그것들은 초록색이야.

③ A: 케이트는 누구이니?

　B: 그녀는 소방관이야.

④ A: 소파 위에 토끼 두 마리가 있어.

　B: 그것들은 귀여워.

중학 대비 TEST

pp.72~73

1. Are Sue and Jack busy?

2. Is your sister in the library?

3. Are Mary and you late for school?

4. Is Junho on the baseball team?

5. David is not an artist.

6. He is an office worker.

7. He is not in the office.

8. His computer is in his room.

9. I am

10. He is

11. They are

12. There is an onion

13. There is a bench

【해석】

1. A: 수와 잭은 바쁘니?

　B: 응, 그래.

2. A: 네 여동생은 도서관에 있니?

　B: 아니, 그렇지 않아. 그녀는 학교에 있어.

3. A: 메리와 너는 학교에 지각했니?

　B: 응, 그래. 미안해.

4. A: 준호는 야구팀에 있니?

　B: 아니, 그렇지 않아. 그는 축구팀에 있어.

5~8.

　그의 이름은 데이비드이다. 데이비드는 예술가가 아니다.

　그는 회사원이다. 그러나 그는 집에서 일한다.

　그는 사무실에 있지 않다. 그의 컴퓨터는 그의 방에 있다.

　그는 집에서 일하는 것을 좋아한다.

9. 안녕, 내 이름은 사라이다. 나는 가수이다.

10. 톰은 내 남동생이다. 그는 12살이다.

11. 사라와 톰은 친구이다. 그들은 우리반이다.

Week 3 일반동사

Day 01 일반동사의 변화 1

Practice A

p.78

① run　　② fixes　　③ move

④ sleeps　⑤ goes　　⑥ love

① He　　② She　　③ They

④ She　　⑤ He　　⑥ He

Practice B

p.79

① go / goes

② eats / eat

③ play / plays

④ drink / drinks

⑤ does / does

Sentences

p.80

① I sing well.

② He needs money.

③ She plays soccer.

④ They live in Jeju.

⑤ We like cookies.

⑥ It starts at 8.

문장 쓰기 p.81

① (c)

② (b)

③ (a)

① 그것은 과일을 먹는다.

② 그들은 요리를 잘한다.

① I drink milk.

② He likes math.

③ She washes her hands

④ It sleeps

Day 02 일반동사의 변화 2

Practice A p.84

① drink　　　② has　　　③ like

④ tries　　　⑤ feel　　　⑥ watch

⑦ walk　　　⑧ says　　　⑨ buys

⑩ cries

① do not　　② does not　　③ do not

④ does not　⑤ does not

【해석】

① 나는 저녁식사를 요리하지 않는다.

② 그것은 다리 여섯 개를 가지고 있지 않다.

③ 그들은 영어를 할 줄 모른다.

④ 그는 도서관에서 자지 않는다.

⑤ 그녀는 지하철에서 음식을 먹지 않는다.

Practice B p.85

① do not(don't) go / doesn't go

② doesn't cry / don't cry

③ don't read / doesn't read

④ don't drink / doesn't drink

⑤ doesn't do / doesn't do

Sentences p.86

① I walk to school.

　 I don't walk to school.

② He has breakfast.

He doesn't have breakfast.

③ She does the dishes at 8.

　 She doesn't do the dishes at 8.

④ It flies high.

　 It doesn't fly high.

⑤ They ride a bike after school.

　 They don't ride a bike after school.

⑥ We like candies.

　 We don't like candies.

문장 쓰기 p.87

① (b)

② (c)

③ (a)

① 나는 자전거가 없다.

② 그것은 고기를 먹지 않는다.

① It doesn't like water.

② He doesn't work at home.

③ She doesn't eat fish.

④ They don't have legs.

Day 03 일반동사의 변화 3

Practice A p.90

① Do they　　② Do you　　③ Does he

④ Does she　　⑤ Does it

【해석】

① 그들은 축구를 하니?　　② 너는 방과 후에 공부하니?

③ 그는 영어를 말하니?　　④ 그녀는 수업이 있니?

⑤ 그것은 밤에 자니?

① Yes, he does.　　② No, she doesn't.

③ Yes, I do.　　④ No, they don't.

⑤ Yes, it does.

【해석】

① 그는 피아노를 연주하니?　　② 그녀는 개가 있니?

③ 너는 집에서 일하니?　　④ 그들은 설거지를 하니?

⑤ 그것은 빠르게 나니?

Practice B p.91

① I do

② Does he teach

③ it doesn't

④ Do they live
⑤ she doesn't

Sentences ·· p.92

① Do you walk to school?
　I do
② Does he get up early?
　he doesn't
③ Does she feed her dog every day?
　she does
④ Does it have six legs?
　it doesn't
⑤ Do they like music?
　they do
⑥ Do we have dinner together?
　we don't

문장 쓰기 ·· p.93

① (b)
② (a)
③ (c)

① 그들은 친구가 있니?
② 그것은 빠르게 움직이니?

① Do you play tennis?
② Does it live in water?
③ Does she go to school?
④ Do they need some snacks?

Day 04 일반동사의 변화 4

Practice A ·· p.96

① 그것은 사과이다.　② 그것은 야채를 먹는다.
③ 나는 차에 있다.　④ 그들은 우산이 필요하다.

① is / plays　② am / go
③ sing / are　④ is / teaches

Practice B ·· p.97

① is / have
② see / are
③ plays / is
④ is / walks
⑤ eats / is

Sentences ·· p.98

① They are cooks.
② They cook ramen.
③ We need an umbrella.
④ We are under the umbrella.
⑤ They study in the library.
⑥ They are in the library.

문장 쓰기 ·· p.99

① (c)
② (b)
③ (a)

① 그녀는 의사이다.
② 그는 아픈 사람들을 돕는다.

① I am a math teacher.
② He teaches math.
③ She is a chef.
④ I work at the restaurant.

Day 05 단원 TEST ············· pp.100~103

01
① teaches
② studies
③ don't like
④ cry
【해석】
① 그는 수학을 가르친다.
② 그녀는 밤에 공부한다.
③ 나는 우유를 좋아하지 않는다.
④ 그것들은 하루 종일 운다.

02
① goes
② has
③ does

03
① Yes, he does.　② No, they don't.
③ No, I don't.　④ Yes, she does.
⑤ Yes, it does.　⑥ Yes, I do.

04
① She doesn't like carrots.
② Do they eat chocolate?

③ Does it jump high?

④ They walk to school.

05

① Do, play

　do

② Does, know

　doesn't

③ Does, go

　Yes, does

06

① He plays the violin every day.

　Does he play the violin every day?

　He doesn't play the violin every day.

② His sister does her homework after school.

　Does his sister do her homework after school?

　His sister doesn't do her homework after school.

③ They jump rope after meal.

　Do they jump rope after meal?

　They don't jump rope after meal.

④ Mina has three classes on Tuesday.

　Does Mina have three classes on Tuesday?

　Mina doesn't have three classes on Tuesday.

【해석】

① 그는 매일 바이올린을 연주한다.

　그는 매일 바이올린을 연주하니?

　그는 매일 바이올린을 연주하지 않는다.

② 그의 여동생은 방과 후에 숙제를 한다.

　그의 여동생은 방과 후에 숙제를 하니?

　그의 여동생은 방과 후에 숙제를 하지 않는다.

③ 그들은 식사 후에 줄넘기를 한다.

　그들은 식사 후에 줄넘기를 하니?

　그들은 식사 후에 줄넘기를 하지 않는다.

④ 미나는 화요일에 수업 세 개가 있다.

　미나는 화요일에 수업 세 개가 있니?

　미나는 화요일에 수업 세 개가 있지 않다.

중학 대비 TEST .... pp.104~105

1. Does, study

　No, doesn't

2. Does, go

　Yes, does

3. Does, visit

　No, doesn't

4. Do, ride

　No, don't

5. Andy and I play soccer in the playground.

6. She is a teacher.

7. She teaches English.

8. is, works

9. studies, is

10. walk, are

11. He gets ready for school in the morning.

12. He has a snack before lunch.

13. He reads a book before bedtime.

【해석】

1. A: 수는 월요일에 과학을 공부하니?

　B: 아니, 그렇지 않아.

2. A: 톰은 목요일에 수영하러 가니?

　B: 응, 맞아.

3. A: 수는 일요일에 조부모님을 찾아 뵙니?

　B: 아니, 그렇지 않아.

4. A: 너는 일요일에 자전거를 타니?

　B: 아니, 그렇지 않아.

5. 얘는 내 친구 앤디이다. 그는 옆집에 산다. 앤디와 나는 운동장에서 축구를 한다. 나는 그를 내 가족처럼 사랑한다. 그리고 우리 엄마 역시 그를 좋아한다. 그녀는 학교에서 일한다. 그녀는 교사이다. 그녀는 영어를 가르친다.

Week 4 형용사와 부사

Day 01 형용사의 변화 1

Practice A p.110

① (a)　　　② (b)　　　③ (b)

④ (c)　　　⑤ (b)

【해석】

① 그 귀여운 소녀는 미아이다.

② 그것은 큰 코끼리이다.

③ 그녀는 좋은 교사이다.

④ 그 좋은 선수는 똑똑하다.

⑤ 그들은 형편없는 가수이다.

① It is a <u>new</u> car.

② The bikes are <u>old</u>.

③ A turtle is a <u>slow</u> animal.

④ They are <u>noisy</u> birds.

⑤ The runners are very <u>fast</u>.

【해석】

① 그것은 새 차이다.

② 그 자전거들은 낡았다.

③ 거북이는 느린 동물이다.

④ 그것들은 시끄러운 새들이다.

⑤ 그 (달리기) 주자들은 매우 빠르다.

Practice B ·· p.111

① new books

② old sofa

③ tall man

④ delicious bread

⑤ black dogs

Sentences ·· p.112

① He is a slow runner.

② Mia is a good singer.

③ It is a white cat.

④ The students are smart.

⑤ The tall boys are my students.

⑥ She is a happy girl.

문장 쓰기 ·· p.113

① (a)

② (c)

③ (b)

① 그는 좋은 학생이다.

② 그것들은 검은 고양이들이다.

① I am a poor singer.

② The ice cream is delicious.

③ She has blue eyes.

④ They are big eggs.

Day 02 형용사의 변화 2

Practice A ·· p.116

① much   ② many   ③ much

④ many   ⑤ much   ⑥ many

⑦ much   ⑧ many   ⑨ many

⑩ much

① a few   ② little   ③ a little

④ few   ⑤ a little   ⑥ little

⑦ a few   ⑧ few   ⑨ a few

⑩ little

Practice B ·· p.117

① a lot of / few

② a little / much

③ a lot of / little

④ many / few

⑤ many / much

Sentences ·· p.118

① a little / There is a little juice in the glass.

② many / There are many trees in the park.

③ few / There are few books in the bag.

④ much / There isn't much sugar in the jar.

⑤ some / There are some children in the playground.

⑥ little / There is little milk in the fridge.

문장 쓰기 ·· p.119

① (c)

② (b)

③ (a)

① 수프에 소금이 거의 없다.

② 도서관에 많은 책들이 있다.

① I don't have much time.

② He doesn't need much money.

③ There is too much noise.

④ There are too many people

Day 03 부사의 변화 1

Practice A ·· p.122

① happily   ② slowly   ③ loudly

④ very   ⑤ carefully

【해석】

① 그 학생은 행복하게 노래한다.

② 달팽이들은 느리게 움직인다.

③ 그녀는 크게 말한다.

④ 우리는 매우 똑똑하다.

⑤ 마크는 조심스럽게 차를 운전한다.

① 빠르게   ② 빠른   ③ 높은

④ 높게　　　　　　⑤ 열심히　　　　　　⑥ 열심인

【해석】

① 그는 빠르게 수영할 수 있다.

② 우리는 빠른 개가 있다.

③ 그것은 높은 벽들이 있다.

④ 그것은 하늘에서 높게 난다.

⑤ 그 학생은 열심히 공부한다.

⑥ 그녀는 열심인(성실한) 노동자이다.

Practice B p.123

① slow / slowly

② well / good

③ loud / loudly

④ happy / happily

⑤ poor / poorly

Sentences p.124

① They move fast.

② He sings beautifully.

③ She gets up early.

④ I study hard every day.

⑤ We dance very well.

⑥ They laugh happily.

문장 쓰기 p.125

① (b)

② (a)

③ (c)

① 그는 슬프게 운다.

② 그들은 열심히 공부한다.

① He walks slowly.

② They work happily.

③ She speaks loudly.

④ They carry boxes carefully.

Day 04 부사의 변화 2

Practice A p.128

① always　　　　② often　　　　③ usually

④ sometimes　　⑤ never

【해석】

① 나는 항상 8시에 TV를 본다

② 그들은 종종 아침을 먹는다.

③ 그녀는 보통 학교에 지각한다.

④ 내 여동생은 때때로 설거지를 한다.

⑤ 톰은 절대 교회에 가지 않는다.

① is always

② usually work

③ is often

④ never have

⑤ sometimes makes

【해석】

① 그 아기는 항상 행복하다.

② 그들은 보통 열심히 일한다.

③ 그녀는 종종 집에 있다.

④ 나는 절대 저녁식사로 면을 먹지 않는다.

⑤ 내 엄마는 때때로 김치를 담근다.

Practice B p.129

① always eats

② usually walks

③ sometimes goes

④ never cleans

⑤ never plays

⑥ sometimes jumps

⑦ often gets up

Sentences p.130

① Tom sometimes eats dessert.

② He is always angry.

③ She is never silent.

④ She dances very well.

⑤ They are never late for school.

⑥ You often come late.

문장 쓰기 p.131

① (c)

② (b)

③ (a)

① 그들은 때때로 축구를 한다.

② 나는 보통 자전거를 탄다.

① I often take pictures of cats.

② My brother is always at home.

③ Children usually cry at night.

④ He never takes a nap.

Day 05 단원 TEST .... pp.132~135

01
① a new bag
② heavy boxes
③ a red house
④ a good player

02
① slowly
② sadly
③ happily
④ early

03
① poorly
② fast
③ loudly
④ well
⑤ slowly
⑥ noisily

04
① They usually eat breakfast at 7.
② Tom is never late for school.
③ The eagle flies very high.
④ We are busy every Tuesday.

05
① She has beautiful eyes.
　그녀는 아름다운 눈을 갖고 있다.
② Mina is a very lovely girl.
　미나는 매우 사랑스러운 소녀이다.
③ Wendy often walks to school.
　웬디는 종종 걸어서 학교에 간다.

06
① good → well
② much → many(a lot of)
③ friend → friendly
④ always are → are always

【해석】
① A: 내 여동생은 무척 잘 그려.
　B: 나는 정말 그 색들이 좋아.
② A: 너는 책이 많이 있니?
　B: 아니. 하지만 나는 재미난 책이 몇 권 있어.
③ A: 너는 안나를 아니?
　B: 응. 그녀는 친근한 사람이야.

④ A: 저 개들을 봐. 그것들은 언제나 귀여워.
　B: 맞아.

중학 대비 TEST .... pp.136~137

1. a few → a litte
2. many → much
3. many → much
4. neck long → long neck
5. Kate is a busy student.
6. She usually goes to school at 8.
7. She rides a bike carefully.
8. She studies hard at school.
9. I usually go to school by bike.
10. I'm a good soccer player.
11. (a) never (b) well
12. is easy
13. solve math problems easily

【해석】
1. A: 안녕, 켄. 너는 한국어를 말할 수 있니?
　B: 응. 조금.
2. A: 병에 얼마나 많은 우유가 있니?
　B: 우유가 조금 있어.
3. A: 겨울 날씨는 어떠니?
　B: 매우 추워. 하지만 여기는 눈이 많이 오지 않아.
4. A: 저 동물은 기린이니?
　B: 맞아. 그것은 긴 목을 갖고 있어.
5-8.
　케이트는 바쁜 학생이다. 그녀는 일찍 일어난다. 그녀는 보통 8시에 학교에 간다. 그녀는 때때로 자전거를 타고 학교에 간다. 그녀는 조심스럽게 자전거를 탄다. 그녀는 절대 빠르게 타지 않는다. 그녀는 학교에서 열심히 공부한다. 그녀는 매우 성실하다.
9-11.
　A: 너는 학교에 어떻게 가니?
　B: 나는 보통 자전거로 학교에 가. 그리고 나는 때때로 버스를 타. 하지만 나는 절대 지하철은 타지 않아.
　A: 너는 방과 후에는 무엇을 하니?
　B: 나는 항상 축구를 해. 나는 좋은 축구 선수야.
　A: 오, 너는 축구를 잘하는구나.